奇奇怪怪博物馆

桐二狗子◎著
郑韶丹◎绘

江西美术出版社
全国百佳出版单位

图书在版编目（CIP）数据

奇奇怪怪博物馆 / 桐二狗子著; 郑韶丹绘. -- 南昌: 江西美术出版社, 2020.12
ISBN 978-7-5480-7841-8

Ⅰ. ①奇… Ⅱ. ①桐… ②郑… Ⅲ. ①博物馆—介绍—世界 Ⅳ. ① G269.1

中国版本图书馆 CIP 数据核字（2020）第 215673 号

出 品 人：周建森
企　　划：北京江美长风文化传播有限公司
策　　划：北京春风化雨文化有限公司
责任编辑：楚天顺　康紫苏
版式设计：孙雨芹
责任印制：谭　勋

奇奇怪怪博物馆
QIQIGUAIGUAI BOWUGUAN

作　　者：桐二狗子

出　　版：江西美术出版社
地　　址：江西省南昌市子安路 66 号
网　　址：www.jxfinearts.com
电子信箱：jxms163@163.com
电　　话：010-82093808　　0791-86566274
邮　　编：330025
经　　销：全国新华书店
印　　刷：水印书香（唐山）印刷有限公司
版　　次：2020 年 12 月第 1 版
印　　次：2020 年 12 月第 1 次印刷
开　　本：880mm × 1280mm　1/32
印　　张：7
ISBN 978-7-5480-7841-8
定　　价：39.80 元

目录

厕所博物馆

坐标：印度·新德里

“印度的厕所背后不仅包含了现代文明的冲击，也有宗教观念之下难以妥协的禁忌。”

印度是个神奇的国度，拥有一个全世界闻名的厕所博物馆，却不愿意认认真真地去建一座厕所，这是为什么呢？

原来印度有一本书，叫作《摩奴法典》，是古印度国家有关宗教、道德、哲学和法律的汇编之一，传说是由天神之子摩奴制定，里面详细规定了如厕的地点和方法。而摩奴在印度神话中是人类的始祖，他的话必须得听啊！

仅仅是一个法典规定就能让人保守到如此地步？

其实不光如此，还有很多原因导致印度人不愿意修厕所。

最重要的一点是，印度人都很信奉宗教，而在印度的文化里，不仅摩奴祖先规定了各种如厕的规矩，而且人们公认厕所是藏污纳垢、不吉利的地方，进入不洁的地方自己也会被污染，印度教更是认为修厕所是对女神 Vishnu 的亵渎。

女神 Vishnu

同时，经济原因也是一大难题。在印度建一个厕所的成本大约为 25000 卢比，相当于 2500 元人民币，这差不多已经是农村一家人半年的开支了。再加上印度是个缺水的国家，印度对很多贫穷地区采取的是政府供水，仅在早上 6 点至 9 点供应，在这几个小时要把一天用的水接好保存下来。连喝水都这么麻烦了，哪还能用来冲厕所？

更为重要的一点是，真的要在全国普及厕所，形成系统，

那工程特别大！印度目前的排污系统，很多都还是英国殖民时期留下的，下水道系统还要重新规划和扩建，这个工程量可不是随便说说！

再说，印度人已经习惯了这样的生活，并不觉得露天厕所于自己的生活有什么不方便，更无法察觉于全球的文明环境有多么方便，就得过且过吧！

爷爷、父亲都是这样过的，你以为老天就对你不公？不！以后你就慢慢习惯了……

生活不易，且好好珍惜我们有厕所的日子，节约用水！

想要改变环境，就先要改变环境中的人，改变他的意识。于是在 1994 年，苏拉布国际服务组织的创始人宾德什瓦里·帕塔克决定让印度人民了解现代卫生的观念，接纳并推崇这个概念，可是一味的说教并不能起到实质性的作用，于是将这个想法付诸于实践，迈开了极为大胆的改革步伐。

创立人：宾德什瓦里·帕塔克
（Bindeshwar Pathak）

第一是在全国各地修建公共厕所，让人们在使用中切身地体会到方便；第二是创建了这座人们想都不曾想过的，将私密生活中根本登不了大雅之堂的“厕所”搬进其中的博物馆。这个举措一经实施便引起了轩然大波，人们惊叹于其步伐的大胆，尺度的开阔，但对于一个仍有大约 3 亿妇幼厕无定所的国家来说，这实在是一项生活与精神上的双重福利。

只有意识上的改变，才能真正推动一个国家的精神文明建设。

展馆通过还原厕所最原始的构造和面貌，到随着时代的发展不断更新改进的痕迹，直到今天厕所早已经走过了最为原始的作用，从作为人们的生理排泄场一路升级为有内涵有文化的生活家居场所。

这里展出着来自阿根廷、卢森堡、科威特以及塞内加尔等世界各地的最特别的厕所和它们背后的构建故事，这也从侧面反映出一个国家日益进步的精神文明。例如，博物馆里收藏着维多利亚时代的便壶，超越原始作用尽显华丽的王室厕所，五星级宾馆厕所模型，曾经需要专人背在身后的街头流动厕所，潜艇上微波废物处理装置，甚至还有符合未来时代需求的高能节水厕所等。

作为第一个国际厕所博物馆，实在够新鲜也足够博人眼球。因其展出的主题过于特别，已经成为地标性的旅游景点，为地方经济做出了一定的贡献！

创立意义：

这家博物馆一方面是展出关于厕所的从原始阶段一路走来的发展历程，也同时在厕所的更新升级中体现出人们需求的不断升级、制造商源源不断的智慧，以及从历史的经验中总结出如何更好地改善当下厕所的性能和品质。苏拉布国际厕所博物馆展室面积并不大，却向人们认真而全面地展示了厕所从诞生一直到今天的变化，从初级的解决生理需求到今天的厕所文化，不只是一场技术迭代的精彩蜕变，更是一场人类精神文明的华丽转身。

厕所博物馆 展品1 《摩奴法典》中的规则

厕所博物馆尽管展品数量不胜枚举，但最明显的还是陈列在大厅的文化展板，这很符合一座博物馆的整体风格。

虽然印度的现代设施在世界发展的脚步中相对滞后，但在古老文化方面却有着悠久的历史，哪怕是厕所文化和礼仪也是十分考究，而这样的论证在印度古代典籍《摩奴法典》中有着明确的佐证，它对如厕礼仪这样规定："已婚人士如厕前应吟唱一首颂歌，并且：(1) 如厕前，应将"圣线"（sacred thread）绕成小圈，并放在右耳上。(2) 排便前应用布料将头包住。如果身边没有布料，则应把圣线绕过头顶并垂于左耳。(3) 排便时务必保持沉默，白天应该面朝北方，夜间面朝南方。(4) 排便时不应该碰到水。(5) 排便完后，应用右手持水罐，用左手清洗。”规范下有两条补充：“(1) 独身者应比已婚者严格两倍；行瑜伽者应三倍严格；圣人应该四倍严格。(2) 这些规范仅适用于白天，夜间清洗频率应减半，旅行期间进一步减半，病人应视能力而行。”

尽管如今看起来规则中免不了些许荒唐和不切实际，但其间也充满严肃和令人尊重的认真态度。印度是名副其实的古国，他们对于现代文明进步接受得较为迟缓，多少也有对古传统的深深敬畏和留恋的原因。

厕所博物馆 展品2 公元2世纪的“坐便片”

厕所博物馆虽然规模不算恢宏，但各种特异厕所文化呈现眼前，妙趣横生。博物馆中有一个由三片残缺的弧形陶片组合拼接、因为历史久远最终也拼不完整的圆盘形“坐便片”，说明上介绍说是在公元2世纪时从一个尼姑庵中发掘出土的。它的直径80厘米，中间只留了像手掌般大小、直径17厘米的便孔。“坐便片”呈现土陶红色，历经风雨，如今的表面已经斑驳点点，虽然残缺但没有细碎裂开，这也从侧面说明虽然看起来和陶制品相当，让人小心翼翼，但实际在使用过程中并没有我们今天想象的那般脆弱，可

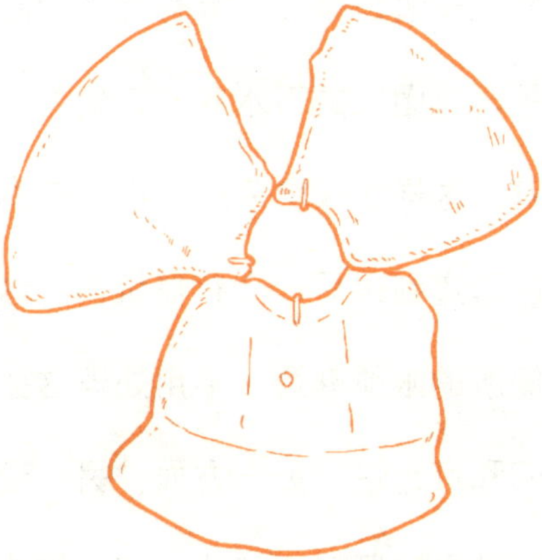

见原始厕所的设计也蕴含着智慧，至少从材质的可用性来看是经过考究的。

厕所博物馆 展品3 多功能的“双坑茅厕”

该博物馆内有一块空地，专门用于一种“双坑茅厕”的

展览，一边是蹲位，带有便池和两脚的蹲放处，而另一边则像是两口圆口的下水井。它们如“米奇”头像一样规则地分布着，这样的双坑茅厕作用是使蹲便中的排泄物能够及时地经过管道到达另一个存储坑内。这样一来，一方面，免去清理厕所的眼前麻烦，不用处理这些排泄物，保持着蹲便坑的空间和可用性；另一方面，另一边的坑则经过存储、发酵，成了灌溉的肥料。如此一来，解决了人的内急，也解决了肥料的需缺，这样的厕所在印度农村非常实用，一举两得。当人们知道这样的厕所极具好处之后，截至今天，印度农村已经修建了约 150 万座双坑茅厕。

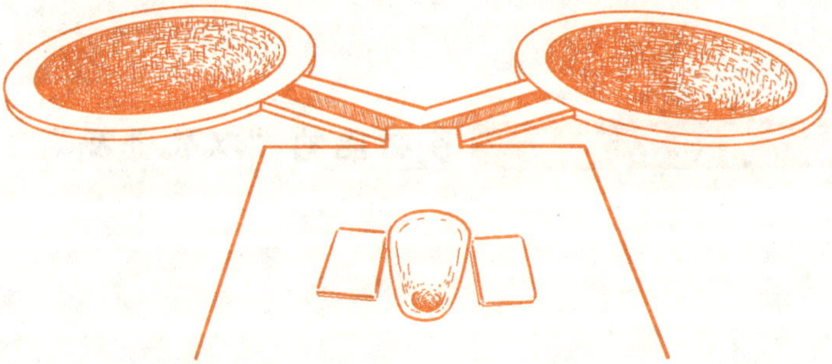

厕所博物馆 展品4 欧洲的美感夜壶

当厕所发展到中世纪的欧洲，人们追求美感与实用，于是产生了极具欧洲风格的夜壶。这些夜壶的特点是告别原始赤裸裸的方便器具，在解决身体排泄的基础作用上，格外强调视觉美感。于是，中世纪的欧洲人就开始将大多数的夜壶伪装成沙发椅、木质椅，各种独具匠心的造型

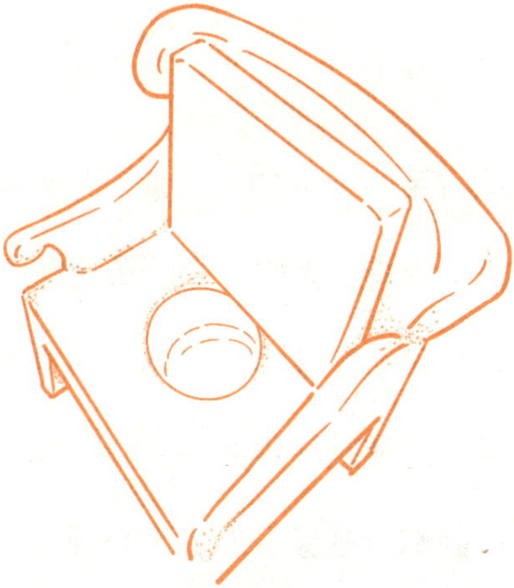

甚至还有装饰罩作为掩饰。

这些看似“多此一举”的装饰正是人们精神文明的标志，当精神文明在平地逐渐拔起了高度，人们便不再满足于实用型，开始追求功能型，直到过渡至“功能＋美感”集于一身，正是这些不断向上的索引力推动着人类从原始时代不断向前快速行进。

厕所博物馆 展品5 缓解如厕“秘籍”

从古至今，人的“三急“是何等大事也耽误不得的。这个注定不能登上大雅之堂的尴尬经历也许人人都亲身经历过，虽然现代厕所修建得越来越有文化内涵甚至变得有趣味性，但对于随时随地可能到来的“内急”还是存在空白点，也曾有一系列尴尬视频公布在网络平台，面对大庭广众，人们控制不住内急，索性就地解决，这种场面的尴尬指数几乎冲破了人的道德底线，令人不敢直视，却无可奈何。

在博物馆内陈列展出的不仅有厕所便器的一路发展，还有关于如厕的“应急秘籍”，可谓足够体贴与完善。展品中有一块如厕“秘籍”展板。

如果恰巧人在户外时身体突然给出信号，但令人尴尬和着急的是附近却没有厕所，或者在这个身体本能的“自然召唤”时，偏偏没有厕纸，那么这时如何缓解这种迫在眉睫的情况

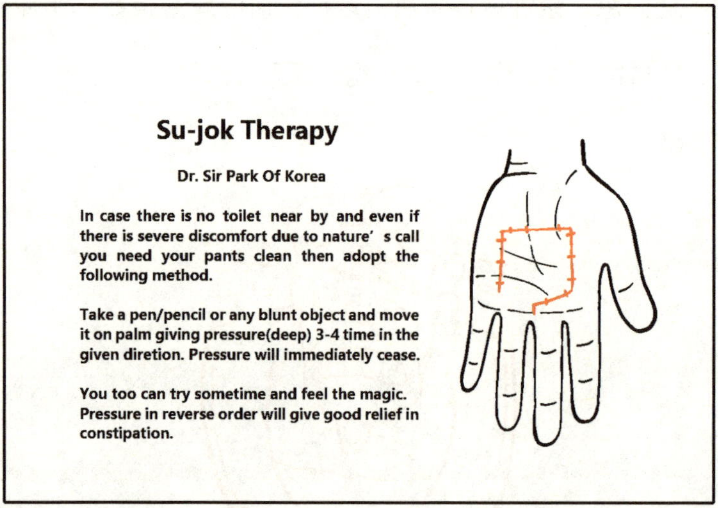

就显得尤为重要：

用任何一种钝物，类似于笔、棍甚至是手指等能用得上力气的“工具”，用力压在手掌中心，按照展图的方向重复按压式移刮三到四次，这种迫在眉睫的“身体信号”就会神奇地缓解许多，从而给你延迟一定的时间去做好准备工作。

厕所博物馆 展品6 “露天排便，社会诅咒”

如此奇特的厕所博物馆设立在印度，自然是这个国度更加需要这样一所博物馆，与其说它表面上看是陈列厕所的一路发展和进步，不如说创立者是在用心良苦地“托物言志”，召唤印度人民看到厕所随着时代的发展而做出的更新换代，促使印度对于生活卫生有更高要求与追求，让人们觉得文明如厕并不是一件遥远和不必要的事情。所以，展出的是厕所，传递的仍然是文化，思想的改变才能推动生活的改变，于是博物馆也重在文化教育，比如其中有一幅展图，上面写道：“露天排便，社会诅咒。”

很显然，随着全世界逐渐迈入现代文明的门槛时，印度显然有些格格不入，他们所崇尚的舒适得近乎于原始的方式在近现代文明中、在本国的进步人群中、在世界前进脚步中，俨然成了这个国家落后的象征，甚至一度被诟病为现代文明的疾患，这种原始的方式在当年没有错，但在大家都在前进改善的时候，仍旧执拗于原始方式的思想开始受到了世界的关注和批判。

印度作家 V.S. 奈保尔无奈于这种落后的原始方式还赤裸裸地行进在现代社会的今天，他在书中对印度人清晨在河岸上蹲成一排大解的景象这样露骨地描述："在果阿，清晨时分，你也许会想出门走一走，沿着曼杜威河畔的回栏大道散散步。往下一瞧，你却看到距离路面六尺的水边，蹲着长长一排人影，乍看起来，就像一丛丛被冲刷到岸边的海草似的。在这一点上，果阿的居民和古罗马帝国的公民看法一致：解大便是一种社交活动；从事这种活动时，他们得蹲在一块儿，边拉边聊天。"

可是很显然，有一部分人，他们非常想改变，改变自己、改变现象，乃至于改变印度整个国家。于是博物馆里不只出现了展品，还出现了文化；不只有远古的静态文明，还有着现代思想的渗透教育。

➲ 知识型演说

关于印度，你知道多少？

1.印度文明作为世界最古老的文明之一，已存在数千年。这个神奇的国度成功地保持了几乎完整的文化血脉，要知道，许多其他类似的文明或文化已经完全从地球表面消失或面目全非了。

印度文化具有十分鲜明而又强烈的宗教性、多样性和包容性，同时也很平和，既不对外扩张，也能抵御外来文化的入侵。印度虽然在历史上曾遭受多次殖民统治，推崇了新的殖民文化，但每个统治者走后，印度又恢复印度教传统。比如，伊斯兰文化对印度进行了几百年的冲击，同化了巴基斯坦和孟加拉两片土地，却仍然没能撼动印度主体文化。

（啊，他们走了，我们继续高举印度文化大旗！）

2. 很多去印度旅游的人会非常不习惯印度的生活习俗，觉得那里不安全，环境很脏，对女性很不友好等，但是当你驻足在印度街头，你又会发现即便是街头跟你要钱的乞丐，都拥有一种优雅的气质，特别是女性，还散发出一种神秘的异域气息。他们大多数人把宗教和家庭看得比金钱更重要，就算很贫穷，也全身洋溢着幸福感，这和其他很多国家都不同。

3. 印度人很善于吸收不同的文化和价值观，你可以在这里看到世界上所有文化的影子。你能看到印度妇女们靠着父母和丈夫生活在面纱之下，也能看到她们领导着大型公司，甚至当上总理；你能看到有些人在出生、结婚和死亡仪式上严格遵循着古老的仪式，也能看到他们去法院结婚领证。如果你遵循所有的传统，你会受到尊重；如果你打破了所有的传统，你也会受到尊重。

4. 印度大约有 22 种官方语言，还有几千种非官方语言，它们在文字、语言、语法等各领域意义不同。

印度的每个邦都有自己的身份、文化、传统。

印度人在婚礼上特别奢华，到了“挥霍无度”的地步。

印度人非常重视家庭纽带和价值观，以至于有时会发生荣誉谋杀这种事情。

（动次打次动次打次……）

印度人最热衷的职业是医生和工程师。

印度人崇拜世间万物，一年四季都有节日和庆典，以此来表达他们的幸福和快乐。

失败博物馆

坐标：瑞典·赫尔辛堡市斯德加丹

创立人：萨穆埃尔·韦斯特（Samuel West）博士，瑞典心理学家，在著名学府隆德大学（Lund University）任职研究员。

吧啦吧啦……总之，就是很牛啦。

创立初衷：为了告诉大家一个很重要的信息——创新是一门高风险的生意。

创新需要失败。想要成功的人，应该更好地学习和研究失败，而非刻意忽视它们，然后假装什么都没发生。

博物馆宣言： 学习才是从失败走向成功的唯一途径。

在中国： 2019 年 1 月 18 日至 3 月 17 日，“成功之母博物馆”（失败博物馆别名）展览在上海市黄浦区第一百货商业中心举办，十几个展区，超过 60 个品牌、100 件展品。

经典展品： 谷歌眼镜、高露洁比萨、苹果牛顿电子助手、川普牌棋盘游戏、诺基亚移动游戏终端 N-Gage、锤子 T1 手机等。

失败博物馆 展品 1

德罗宁（DMC） DeLorean ——未来型汽车的先驱者

你一定没听说过这个DMC，它是美国一家极具神秘色彩的汽车公司。这家公司的特殊之处在于，它只生产过一个型号的汽车且为罕见的RR（后置发动机后轮驱动），称作DeLorean，具体型号为DeLorean DMC-12。

DeLorean拥有异国情调的鸥翼门，第一个原型机建于1976年3月，于1981年1月21日投入生产，当时这种未来型汽车的竞争对手可没几家。

这辆车由一位叫作威廉·柯林斯的首席工程师兼设计师完成，它拥有一架后置雪铁龙－汪克尔发动机，也就是转子活塞发动机（看不懂是什么，反正很厉害的样子）并不好使。要知道 DeLorean 是作为一款豪华跑车在市面上销售的。但由于发动机动力不足，这辆车的速度非常缓慢。加上不锈钢面板保持清洁很是困难，需要不断抛光。种种问题让他们意识到，要是继续前进，就要重新开始设计。

公司大 BOSS 约翰 · 德劳瑞恩不甘心，四处寻求资金，终于靠着好莱坞的明星投资建成了自己的公司，并投入生产。老板是个厚道人，当时在北爱尔兰失业率居高不下的情况下，他们公司的工人哪怕没有任何经验和技术，都能享受优厚的待遇，还给用户提供全方位的维修售后服务，使得公司上下齐心，发展渐见成效，呈蒸蒸日上的态势。

然而，1982 年 10 月，大 BOSS 因涉嫌贩毒被捕，虽然最终被证明是清白的，可一切都太晚了，公司轰然垮塌，再没有能力恢复生产，最后只能宣布破产了。

这款车一共生产了 9000 辆，估计目前市面上已经看不到了。这部汽车只能永远因为《回到未来》这部电影而被人们记住。

失败博物馆 展品 2

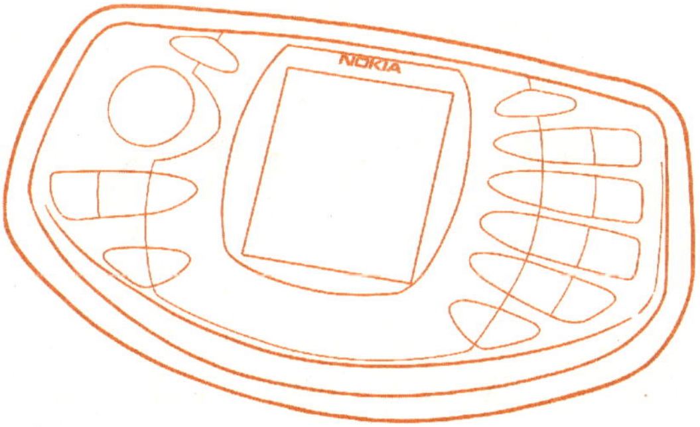

诺基亚 N-Gage ——世界上第一款专用的移动游戏终端

早在 2000 年，很多人都会带着手机和掌上游戏机两样东西出门。而当年手机界的狠角色——诺基亚将这两款设备合并为一个单元，并于 2004 年推出了 N-Gage。这个想法本身并不失败，甚至具有革新意义，N-Gage 的密集开发还催生了芬兰蓬勃发展的移动游戏产业。一般人认为 Nokia 理应为此而获得赞誉，但事实恰恰相反。

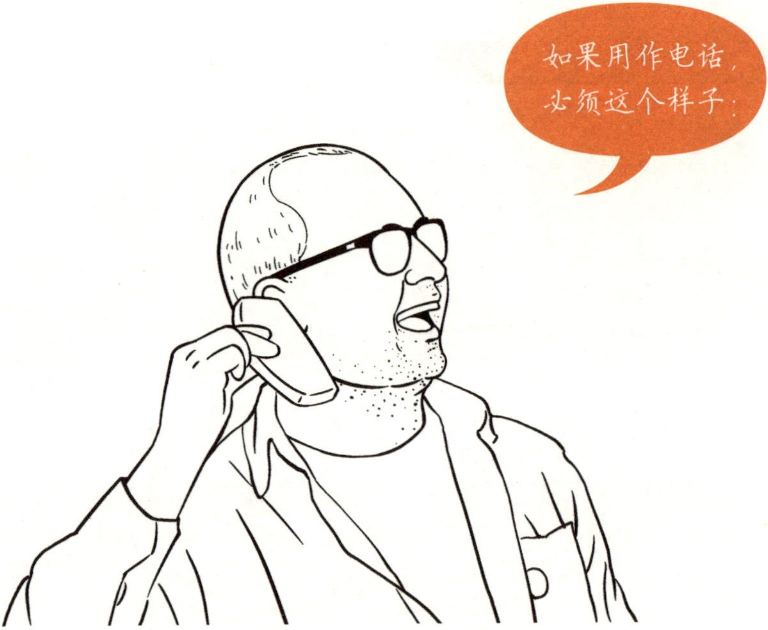

但这并不重要，最关键的失败原因是这个新产物动了巨头——移动运营商的奶酪！

N-Gage 的用户可以不使用运营商的网络来下载游戏，而是通过零售购买游戏卡，并且 10 米以内，他们可以用蓝牙功能去开黑，而不是通过运营商的网络。

在当时，这简直就是挖墙脚、薅移动运营商的羊毛啊……

不可避免地，这个相当棒的产品因为生不逢时，成了当今新型智能手机的垫脚石。

失败博物馆 展品3

Rejuvenique 电能面膜——最吓人的面膜，没有之一

Rejuvenique 电能面膜的设计原理是：通过温和电流刺激肌肉收缩，对脸部达到提拉和均匀肤色的效果。实话说，这个理论可能不是瞎编的，加上生产商想正经搞一款极具创意和效果的面膜，这个长得像刑具的产品便应运而生了。

该产品于1999年上市，然后引发了恶评如潮，因为

用户体验实在做得太差。首先面膜用硬塑料做成，只有一个型号，没法儿贴合所有脸型，所以用起来不舒服，甚至有用户评论：

甚至，这款产品从未获得过安全认证。

只能说，这种产品根本就没有考虑过市场、渠道、用户体验和效果等因素，只是为了创新而创新。

“敷面膜途中我的猫咪进来了，它看到我，眼睛一瞪，然后开始尖叫，接着扑上来要把面膜拽掉。”

“我的女儿某天用这个面膜时，她奶奶来了……然后被她吓进了急救车。她以为家里遭到了入室抢劫。”

于是这款产品毫无意外地失败了，不过在一些小众圈里，还挺受欢迎，据说亚马逊也仍然能买到，只是亚马逊已经退出中国市场了。

失败博物馆 展品 4

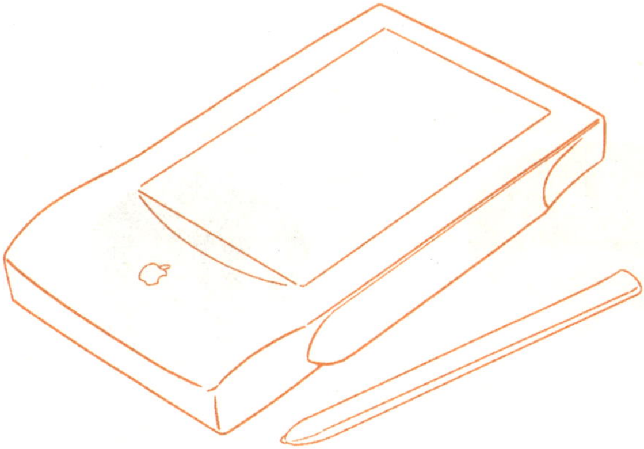

苹果公司 Newton——世界上第一款掌上电脑

Apple Newton，是世界上第一款掌上电脑（PDA），由苹果电脑公司于 1993 年开始制造，但是因为 Newton 在市场上找不到其定位而需求量低，几乎没有发展，在 1997 年停止了生产。

这款产品于 1993 年上市，可以用于记笔记、存储联系方式、把手写文字转换成电脑打印文字等，可以说是一款超前沿产品，因为那个年代，手提电脑还是科幻小说里面才出现的物品。

可是理想很丰满，现实很骨感。因为全球技术水平都跟不上苹果公司的脑洞。Newton 的手写文字识别失败率很高，而且根本不能识别中文，还死贵死贵的，当时 699 美元还没有优惠价，也是够自信！

1997 年，当时正赶上乔布斯被请回苹果公司，他当下拍板停止了生产。

创新是一门高风险的生意。

学习才是从失败走向成功的唯一途径。So，成功从来不会轻易降临！

每一次成功，背后都躺着无数失败的尸体！

➲ 知识型演说

历史上有哪些悲催事件?

1. 秦武王，战国时期秦国国君。秦武王身高体壮，喜好跟人比角力，秦武王四年（公元前307年），武王与孟说比赛举“龙文赤鼎”，结果大鼎脱手，砸断胫骨，到了晚上，气绝而亡，年仅23岁。

这位君主虽然人生很悲催，但实际上他是个有着雄才大略的君主，在位仅仅三年，却做了几件了不起的大事。

秦武王刚刚继位的时候，蜀地发生了叛乱。秦武王当时便派遣甘茂平定蜀乱，收复了蜀地。这个地方在后来起到了非常重要的军事作用。

秦武王当时是很有野心的，他当时将其他六国的相国改为丞相，而且将丞相分为左右丞相，削减了他们的权力，更加便于统治和管理。而且当时三川之地分别是泾河、渭河和洛河，是韩国的领土，秦武王也凭本事夺了过来。这几个地方可是风水宝地，土壤肥沃，有利于农业发展。

而最后一件事呢，则是秦武王准备去夺取宜阳，从而获取洛阳。没想到的是，事情顺利解决后，他看到了洛阳周王室的鼎，一时兴起，想着举起来试试看，最后却被砸死了，然后，就没有然后了……

2. 王朗，汉末至三国曹魏时期重臣、经学家，因受到曹操的赏识在朝中任职。之后帮助曹操晋升至魏公、魏王。

很多地方都流传着这样一个故事，说王朗在76岁那年，遇到曹魏与蜀汉对垒，曹真便与王朗、郭淮共议退兵之策。王朗说：“来日可严整队伍，大展旌旗。老夫自出，只用一席话，管教诸葛亮拱手而降，蜀兵不战自退。”

哪知第二天，王朗与诸葛亮开始唇枪舌剑，诸葛亮说：“贰臣贼子！你枉活七十有六，一生未立寸功，只会摇唇鼓舌，助曹为虐！一条断脊之犬，还敢在我军阵前狺狺狂吠！我从未见过世上有如此厚颜无耻之人！”

王朗至此被诸葛亮气到吐血身亡，成为笑柄。

其实这位老先生悲催的点并不在于这个故事，事实上他是在征途上因病去世的，和诸葛亮根本没有见着面。这个桥段只是《三国演义》这本小说中添油加醋杜撰出来吸引读者眼球的故事。

王朗本人是一位德高望重的儒学大家，在职期间实施过许多有效的政治举措，是国之良臣，历史上对其评价也很高。

3. 项羽，秦末农民起义领袖，杰出军事家，楚国名将项燕之孙。在当时也算得上是将二代了，一生征战未曾失败，非常经典的巨鹿之战都能逆风翻盘，可见实力之强！这也导致了项羽宁折不弯、刚愎自用的个性。所以他才会和范增不相与谋、分道扬镳，才会在鸿门宴上放过刘邦，才会相信刘邦与他平分天下的决定，最终因被张良和刘邦算计而失败。七十多连胜，却因听信所谓的兄弟而一败涂地，这让项羽无论如何也不能接受，最终在乌江自刎。至死前，他还说："我从起兵到现在已经八年，经七十余战，抵挡我的人都被我攻破，我打击的人都表示臣服，未尝败北，遂称霸天下，现在困于此，不是我不会打仗，而是天要亡我！今日是要决死战了，我要为诸君痛快地一战，必定要胜利三次，为诸君击溃包围、斩将、砍旗，让诸君知道，是天要亡我，非我不会打仗。"

信不信由你博物馆

坐标：美国、韩国、中国等地都有哦，它在世界多个著名的观光地建造独特外形的建筑物，循环展出展示物，因此每次访问都会有不同的新鲜感

（反正咱们就是这么多馆，信不信由你！）

北美 国际

- 德克萨斯州阿拉莫广场
- 新泽西州大西洋城
- 马里兰州巴尔的摩
- 密苏里州布兰森
- 卡文迪什，加拿大
- 田纳西州加特林堡
- 德克萨斯州大草原城
- 加州好莱坞
- 基韦斯特，FL
- 南卡罗来纳州默特尔比奇
- 纽约州纽约市
- 纽波特，俄勒冈州
- 尼亚加拉瀑布，加拿大
- 海洋城，MD
- 佛罗里达州奥兰多
- 巴拿马城海滩，FL
- 德克萨斯州圣安东尼奥
- 加利福尼亚州旧金山
- 佛罗里达州圣奥古斯丁
- 弗吉尼亚州威廉斯堡
- Wisconsing Dells，WI

北美 **国际**

- 班加罗尔，印度
- 布莱克浦，英格兰
- 开普敦，南非
- 哥本哈根，丹麦
- 云顶高原，马来西亚
- 瓜达拉哈拉，墨西哥
- 阿姆斯特丹，荷兰
- 济州岛，韩国
- 伦敦，英国
- 墨西哥城，墨西哥
- 芭堤雅，泰国
- 冲浪者天堂，澳大利亚
- 维拉克鲁兹，墨西哥

信不信由你博物馆
信不信由你博物馆

创立人： 罗伯特·利普莱（Robert Ripley）。

创立原因：

罗伯特·利普莱原先是在纽约的一家日报出版以体

育方面的珍奇纪录为素材的漫画和故事，因此聚集了很多人气。

罗伯特·利普莱为了亲身体验到世界上所有珍奇的东西而冒险环游全球，记录了他亲眼见到的珍宝和各国的历史，并集结这些事实建立了博物馆。他曾于1937年访问我国，也给美国介绍过我国的风俗和历史，35年间环游国家多达198个，搜集了照片、漫画、工艺品等，他所移动的距离相当于环绕地球10周。从肉眼看不见的微型雕塑到22英尺高的巨型汽车零件机器人和巨大的恐龙骨架，从史前到未来主义，“信不信由你”博物馆收藏了超过25000件展品，包括传奇人物罗伯特·利普莱本人个人文件的最大档案。他的日记、护照、主要合同和数千页的个人信件都是世界著名的Ripley娱乐系列的一部分。

馆内展品有德国统一时推倒的实际柏林墙、叫价超过10亿韩元的从火星飞来的指甲盖大的陨石、带着独角兽角的男子、NASA宇宙飞行员们勘查月球时所穿过的宇宙服、吞自己鼻子的人、木乃伊美人鱼、令人心惊胆战的中世纪地下监狱、神秘的部族村等，展示了不知该不该相信的、暧昧的东西，还有这世界上珍贵的、让人觉得不可思议的东西。而且所有展示物都有很多故事和历史背景，不仅能对儿童和青少年提供教育价值，还由许多能够体验多

种世界历史的展示物来组成。

展品1 世界上个子最高的人

你是不是以为姚明个子特别高，已经达到人类身高巅峰了？不不不，他在巨人中，只算得上是一般高。

在馆内的记载中，这位罗伯特·沃德洛，身高2.72米，体重222公斤，被称为“奥尔顿巨人”，他能快速长高的原因是脑下垂体长了肿瘤，致使他得了“巨人症”，因此罗伯特·沃德洛创造了人在医学史和吉尼斯世界纪录上最高的纪录。

但实际上还有更高的人，是中国清朝时一名叫詹世钗的人。此人字玉轩，乳名五九，生于道光年间（1841 年），卒于光绪年间（1893 年）。而令他出名的就是他 3.19 米的身高。他只是因为生活的年代太过久远，才没有被列入世界吉尼斯纪录名单中。

詹世钗曾在上海玉映堂墨厂做工，后被美国人重金聘请，周游世界表演，后入英国籍，娶英国人为妻，晚年客死英国。

可以想象，现在中国的居民住宅楼每层的高度大多在2.8～3米，而门的高度只有2.1米，这些人进出门只能蹲着走，太悲催了！

展品2 世界上最小的汽车peel P50

1963年版Peel P50的长、宽和高分别为134厘米、99厘米和120厘米，重量仅59公斤，跟一个成年女生的体重差

不多呢！其内部仅有 1 个座位，设计之初旨在为 1 名成人使用，并可携带 1 个购物袋。

尽管 Peel P50 完全不符合当今的汽车安全标准，但英国法律却允许这款轻量级三轮小型汽车上路。2012 年 1 月，英国车商 Peel 宣布，将在英格兰重新限量生产 Peel P50。这是一款只有三个轮子的小汽车，至今仍保持着世界尺寸最小及量产最小汽车的纪录。复产的 Peel P50 最高时速只有 65 千米，不过终于加上了倒挡。

展品3 长脖子的女人

长颈族是世界上脖子最长的民族，他们是由居住在泰国北部与缅甸边界的一个少数民族喀伦族所分离出来的一支。

长颈族人以脖子长为美，按照他们的风俗女孩子在5岁的时候，就要在颈及四肢套上一公斤的铜环，然后从10岁开始每年在颈上多加一个铜环，一直到25岁为止，这些铜环只能往上添，不能往下拿，终生都要佩戴。

“一开始是又疼又重，不过最后总能适应。”长颈族人莫波说，“最苦的是天热的时候，铜圈热得烫人。这种时候我们只有到河水里泡一泡，才能给铜圈降降温。假如不这样做，即使天气凉快下来，被阳光烤热的铜圈仍会把一阵阵热浪传到全身。”

至于睡觉时，可以取下后面的竖环；洗澡的话，需要几个人相互帮忙，把稻草塞进铜圈内拉锯般擦洗。她们一生中，只有几次能把颈上的铜环取下来，那就是结婚、生子以及去世。

据悉，长颈族的女人最多可以戴25只铜环，最长颈者可达70厘米，至于她们为什么要佩戴铜环，有种说法是这样打扮是为了使自己看起来像长颈龙，这种龙被长颈族人视为天地万物之父。还有一种说法是这种怪异的装扮，是为了吓跑森林里饥饿的老虎，当然也有人表示，这是为了不让她们被敌对部族掳走。

长颈族女人这种奇特的装饰物吸引了好奇的欧洲游客。每年从 11 月到第二年的 2 月，天天都有大约 200 名游客来到泰国当局为长颈族人设立的难民营参观。在那里，游客花上几个小钱就可以满足自己的猎奇心理，却没有人真正关心这些缅甸长颈女的命运。

除了这些展品以外，馆内还放置了一些惊为天人、脑洞大开的物品。

比如用 100 万颗施华洛世奇水晶贴出来的 Mini Cooper，上面有 40 多种不同彩色液晶来显示那些美国标志性的图案，如自由女神像、好莱坞的Logo、美国国旗等。还有用25000种不同的糖果拼出来的全尺寸哈雷摩托，看上去非常酷炫！要是这摩托车能骑的话，那可以边骑边舔油箱或者车把手了。

知识型演说

世界上有哪些信不信由你的事件

1. 曾经的利比亚最高领导人、年仅 27 岁的卡扎菲发动政变，兵不血刃地推翻了伊德里斯王朝，并且建立了阿拉伯利比亚共和国。

看到这里，你也许认为这位卡扎菲一定智慧超群、年轻有为，实际上整个政变过程都是在各种乌龙中实现的。

1969 年 9 月 1 日，卡扎菲命令手下米海什乘飞机前往首都组织塔尔霍纳军营的接管工作，可当米海什到达机场时，却发现机票售罄，只好通过各种关系找到熟人开了个后门，才算上了飞机。

落地后，米海什打车赶赴军营，却不慎将武器落在了出租车上。

卡扎菲觉得这人不靠谱，决定亲自领导班加西的行动。他坐上一辆装满武器的车，率领车队前去占领电台。半路上猛一回头，竟然发现路上只有自己的车，而后面的车辆都在岔路口跟丢了！

好不容易将车聚齐，浩浩荡荡绕城一周，却没找到要占领的电台，无奈之下只好原路返回。

你以为就这么些不靠谱事件吗？并不是。

与此同时，的黎波里城外负责接管防空部队的伙伴们，到开始行动时才发现弹药不够，600 个人只有 1050 发子弹，每人 2 颗都分不到。

就这样的政变还有可能成功？要不说天时很重要呢！

当时坐镇的老国王正在土耳其，而留守国内的王储兼首相哈桑·里达王子则在王宫中喝得酩酊大醉。卡扎菲和他的蹩脚队伍就这样大摇大摆地进入王宫，成功实施政变，统治了利比亚。

2. 隋朝大将杨素，被称为隋朝第一名将。大权在握、位高权重的杨素，感情之路却是一波三折，有三个关于爱情的词语都与他有关。

第一个叫“成人之美”。说是杨素府内有一名宠妾，被一个叫李百药的人看上了，此人竟夜入杨府，与那名宠妾私会，结果被杨素逮个正着！杨素恼羞成怒，欲治李百药死罪。可当李百药被绑上来时，杨素发现他竟是个“年未二十，仪神隽秀”的英俊少年郎，不禁起了惜才之情，说：“听说你很擅长写文章，那就命你写出一篇诗文来，如果能称我的意，就免你一死。”生死关头，李百药当即成文，果然没让杨素失望，杨素当场把爱妾赐给李百药为妻，“并资从数十万”。后来杨素还奏请隋文帝，授李百药为礼部员外郎。李百药财色兼收，还当了官，简直是人生赢家。

第二个叫“红拂夜奔”。原来杨素身边还有一位名叫红拂的乐伎，生得“肌肤仪状、言辞气佳，真天人也”。当时，还是小辈的李靖至杨素府上求取报国之机，一席话让红拂女一见倾心。

于是当李靖再次拜访杨素之时，她便与李靖相约私奔了。杨素非但不追究此事，反而推荐李靖出任马邑的郡丞。杨素的成全，造就了一段才子佳人的爱情佳话。

第三个则是“破镜重圆”。乐昌公主本是徐德言的夫人，但当时由于朝局动荡，徐德言眼看即将国破家亡，便折断一面铜镜，与乐昌公主各拿一半，作为别后重逢时的信物。并约定：如果乐昌公主真的被掠进富豪人家，就将半片铜镜拿到街市去卖，徐德言若幸存人世，就通过铜镜去打问消息。而乐昌公主刚好就被隋文帝许配给杨素做了妾。

杨素对乐昌公主非常宠爱，还为她专门营造了宅院。然而乐昌公主却终日郁郁寡欢，默无一语。

徐德言一片痴心，也一直在寻找铜镜的下落，不想果然有一个仆人在售半片镜子，而且要价极高。徐德言立刻上前，给那仆人讲述了自己的经历，并在镜子上题了一首诗："镜与人俱去，镜归人不归。无复嫦娥影，空留明月辉。"

乐昌公主看到题诗以后伤心欲绝，杨素了解情况以后也非常伤感，便派人将徐德言找来，将妻子还给他，还送给他们许多钱物。

3. 乌克兰总统泽连斯基，他其实是一名演过总统的演员，并且还是一名喜剧演员。他在乌克兰电视剧《人民公仆》中，饰演一位中学老师，因为讨论国家时政时的一番演讲而爆红网络，被众多民众热捧，并引起乌克兰高层的注意，从此这个骑单车、吃泡面的小人物走向了历史的舞台，成为了乌克兰历史上具有传奇色彩的人民公仆。

而现实中，乌克兰民众厌倦了腐败，厌倦了传统政客的统治，于是当时泽连斯基就这么稀里糊涂地高票当选了总统。

用一名乌克兰人的话说，他之所以能当总统是因为乌克兰人民明白让现总统待在现在的位子上就是灾难，所以哪怕有十分之一的希望也要试试。

一般都是本剧由真实故事改编，但这可能是世界历史上唯一的一次本故事由一部电视剧改编的了。

真的是只要不轻言放弃，一切皆有可能啊！

糟糕艺术博物馆

坐标：美国·波士顿

糟糕博物馆的创立十分偶然。创始人斯科特·威尔逊是个艺术品商人，因为成天跟艺术品打交道，所以他对绘画作品格外留意。

一天，他丢垃圾的时候，偶然看到一幅被扔了的旧画儿，出于职业病，他关注了这画儿，可是他上看下看左看右看，也实在猜不出它想要表达一种什么主题，积极的还是消极的？

凭着职业的嗅觉，斯科特·威尔逊产生了浓厚的兴趣，他把这幅“垃圾画儿”带回了家。

在一次和朋友的聚会上，他聊起了捡到一幅莫名其妙的画作的经历，朋友们都很感兴趣，纷纷围观，却集体犯蒙，因为谁都不知道这幅作品想表达什么。

朋友们半玩笑半认真地提议，不如斯科特·威尔逊组织一次特殊的展览吧，完全能够吸引人们停下忙碌的脚步一探究竟。没想到，这个想法一经提出，斯科特·威尔逊就很感兴趣，于是在1993年“糟糕艺术博物馆”正式成立。

起初的展品是朋友和邻居们提供的一些奇怪的画作，它们多数是放在家里不被欣赏甚至特别碍眼的艺术品，结果出乎意料的是，这场“处女秀”获得了极高的关注度。

这样一来，大家知道了有这样一个糟糕艺术品的好去处，然后老铁们积极地把家中原本欣赏不了，甚至考虑要不要丢掉的画作主动捐赠，而这些也成了“糟糕艺术博物馆”的初期展出资源。

没想到一经推出，关注的人越来越多，直线飙升的知名度也博得了很多知名画家的青睐，他们也捐出自己的作品以丰富展出资源。但是所有的作品不论来历，都必须符合原创、真诚、特别、博人眼球却百思难解的特点。

创立意义：

糟糕艺术博物馆以千姿百态的奇异作品陈列展出为主，主要是传递另类艺术，另一方面也是让人们暂时告别平淡生活中的疲惫思想，让大脑得以“开溜”，在另类艺术的视觉冲击和意义中摸索。人们在这其中得到身心放松、思想意识的开拓，甚至是生活态度上的刷新。

博物馆展品: 陈列展品分为流动性与永久性两部分，但都需要经过志愿者们的严格筛选后才能获得展出资格。永久收藏品中包括 500 多件“极致糟糕、令人难以忘记的作品”，而在这些作品中又有 25 ~ 35 幅全年陈列展出。

比如令人匪夷所思的“男版蒙娜丽莎”、百思不得其解的“腋下之痒”等，这些都是公认的最具糟糕艺术指数的明星作品，带来约 8000 人次的年参观流量。

Joan
Crawford

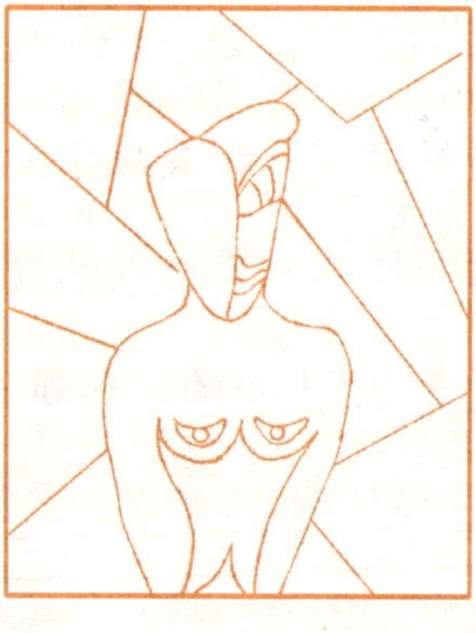

博物馆特色：是世界上唯一一家致力于向人们展示不完美艺术作品的博物馆。

糟糕艺术博物馆的创立、推广以及藏品展出、储存等所有工作都由志愿者完成，它是一个走进人们内心的博物馆。

不完美也是一种纪念。毕竟它如实地记录了你铭心刻骨、曾经挣扎过的那一刻。

而与博物馆的创立有着不解之缘的作家“路西”，也因此获得“糟糕艺术终身成就路西奖”，他因有缘与兴趣所在，一直任博物馆执行董事助理。

➲知识型演说

世界上有哪些奇葩的雕塑

1. 新西兰基督城艺术中心的屋顶上，放置着一个吓人的雕塑，是一只粉色的手上长着一张脸，总体5米高。创造它的是当地艺术家龙尼·凡·豪特。他扫描了自己的手和脸，然后将两个形象组合成了这个搞笑又诡异的作品。而他本人表示，作品背后并没有什么特别的含义，只是一时兴起想做个尝试。不得不说，艺术家就是任性啊！

2. 瑞士的伯尔尼街头有一个看不懂的雕塑，并且连当地人都猜不

出它是什么时候出现在街头的。城里的家长们教育不听话的孩子的时候，就把他们带到这个雕塑下，告诉他们，不听话就像这个雕塑一样把你吃掉！

3. 英国伦敦有一个雕塑被大家称为“呕吐喷泉”，不知道是为了标新立异还是为了恶搞，造型便是一股股的喷泉水从一名表情苦大仇深的男人口中不停涌出，像极了宿醉后的呕吐状，让人觉得连这水都变得不干净了呢！

4. 中国的山东聊城农产品物流交易中心的大门口竖着一座 9 米高的巨型大白菜雕塑，在中国“白菜”寓意“百财”，这也是很多公司办公桌上会摆一棵玉质大白菜的原因。虽然寓意很吉祥，但这棵白菜过于生硬，不知道会不会影响人们对白菜口感的认知。

三鹰之森吉卜力博物馆

坐标：日本·东京·三鹰市

创立人：宫崎骏（作家、漫画家、动画导演）。

创立原因：说宫崎骏带来了日本甚至是全球动画的巅峰一点儿也不为过，这位已经头现白发的老人家拥有一颗无比年轻的童心，他致力于动画、漫画以及其间发生的故事，被日本甚至是全球的人们所喜爱。

因为作品能带给全球儿童甚至成人更多美好的童心、善良和正义，所以宫崎骏不想局限于影视媒介，他想要保留住这些美好，以真正看得见、摸得到的呈现方式分享给更多的人。

2001 年，宫崎骏亲自设计并主导全程创建吉卜力博物馆，走廊的小道迂回、墙壁上的挂画风格、展品的搭配着色，甚至卫生间的温馨小创意等，都是出自宫崎骏精心之笔，这座三鹰之森吉卜力博物馆正式成立了。

全世界的宫崎骏迷、大朋友小朋友们纷纷慕名而来，每一天还没到开馆时间，拥有着灼热童心的人们就已经自发地在门外排起长队了。

创立意义：

宫崎骏深信，拥有童心的人更加善良，他想要发掘出人性纯真美好的一面，于是创建了这座令人心驰神往的梦幻之馆，就像他的作品一样，在里面你总能忘记自己在现实中的身份，并找到心仪的角色。

无论你是一名普通职工，还是一位全职妈妈；无论你是一位白发老人，还是职场高管；抑或是刚刚为打翻了的牛奶哭泣，为谁动了你的奶酪而愤怒，为刚过了 30 岁生日而失落……走进吉卜力博物馆，你只会发现美好和正义的能量。

吉卜力博物馆 展品 1 龙猫守护的城堡岗亭

龙猫守护的城堡岗亭

当人头攒动的队伍带着新奇和向往走进博物馆四下观望时，映入眼帘的第一个环节就是一扇推不开的门，一个比较有趣的障眼法——著名的龙猫守护的城堡岗亭。

刚进来的人们看到龙猫甚至忍不住伸手想去抚摸，或者迫不急待地想要推门而入了，结果发现只是和这个小可爱在隔窗相望，想要真正走进去，必须暂且收敛童心，撇开急切，从另一侧的入口有秩序地检票才行，于是人们一边排队一边向里面张望，向往的心情顿时加倍。你也可以笑着说这是宫崎骏的“饥饿展览法”，越是让你看到，就越是让你等待，挑起了人们无穷的好奇心。

吉卜力博物馆 展品 2 祖父的房间

位于博物馆第二层的“Grandpa's Room”，翻译过来是“祖父的房间”。很多人都被宫老人家的《天空之城》

所感动，遇见过《哈尔的移动城堡》的神奇，甚至把片子里优美的水晶盒音乐下载下来作为手机铃声；也在《千与千寻》中看到了真善美的救赎，那张无脸男的幽灵图片一度从恐怖反转到善良美好的寓意；也在《风之谷》的水彩画集中寻找过梦境的影子……

总之，你所看到的动人心魄的美好和善良、阳光和正义、希望和向往，一笔一画，一点一滴都来自于宫崎骏的执笔，所有动画片的珍贵原画、草图、手稿，一帧一频都还原在这个房间里。这很显然是一间还原现场办公情景的工作室，甚至当你走进去的时候会发现办公桌上还有翻阅着的草稿，还有一些查阅了一半的资料，还没有合页，甚至还有没有扣好盖子的笔，看起来好像是办公的人刚出去泡咖啡了，随时会回来再投入到工作状态。

吉卜力博物馆 展品3 龙猫巴士间

在龙猫巴士间里面有一只超级大的猫巴士，它的内室特点是毛绒绒的，跟外面的黄颜色一致，而且在猫巴士里

设有长凳一样的座椅，在参观的小朋友们上车的时候，窗口会变成大大的车门，利于舒适地上车，全都进去之后，车门又可以神奇地变成小小的窗口。这让龙猫巴士更加充满神秘色彩，让在外的人们想一探究竟。

这是名副其实的小朋友的乐园，因为只允许小朋友进去参观体验，而博物馆的特点就是管理严谨，要求品质体验。龙猫巴士的特点如同宫崎骏的原著，密室一般神奇，极具吸引力，至今只有真正进去过的小朋友们才见过它的真面目。

博物馆特色：这里每一个角落都是设计者的匠心独运，宫崎骏的初心“有趣好玩又能使人心变得柔软的美术馆”在每一道走廊，甚至每一个管理细节都体现得淋漓尽致。

为了将最完美的博物馆呈现在大家眼前，不让到来的每一颗向往之心有丝毫落空，博物馆的门票并不易得。

即便是日本人前去参观，也要至少提前一个月预约，海外友人则要提前一个季度。每周开放 6 天，每天限量接待 2400 人。

而且还会在参观时分成 4 组，第一是确保人流量在人

们体能和感观接受的范围内，第二是为了细化参观者的心情体验，不错过每一个角落。为了保证博物馆的神秘性和首次参观者的感观体验，室内是严禁拍照的，所以只能亲自去体验啦！

附：宫崎骏经典语录

•人老了，唯一的好处就是失去的东西少了。

•无论你经历了怎样的苦难，总有一个人的出现，会让你原谅上天对你所有的刁难。

•坚强，不是面对悲伤不流一滴泪，而是擦干眼泪后微笑着面对以后的生活。

•爱，不是寻找一个完美的人，而是学会用完美的眼光，欣赏那个并不完美的人。

•很多人，都生活在边缘地带，没有人喜欢，内心充满了自卑与无助。就如无脸男在面对千寻的时候，所说的那样：我很寂寞，我真的很寂寞。

•不管前方的路有多苦，只要走的方向正确，不管多么崎岖不平，都比站在原地更接近幸福。

知识型演说

日本的动漫文化

日本动漫，是日本动画和漫画的合称。世界动漫文化的领军人，通过剧情创新和趣味性、可读性等，让日本动漫在全球占据着重要的地位。

日本是动漫强国，风格具有鲜明的民族特色且具有独特的吸引力，并且动漫在日本已经形成了一个非常稳固的产业链，在全球都鲜有对手。

作为市场经济高度发展下的产物，日本动漫的制作目的大多是为了盈利，所以每个环节都被流程化细分且非常专业。

日本动画制作公司一般有两种，一种叫“企画公司”，就是筹划制作；另一种叫“制作公司”，就是实际动手画。一般剧本、日程、分镜、设定、原画和监督（导演）是由企画公司完成的，而制作公司则完成描线、上色、特效、校对、摄影、冲印、编辑和配音等工作。

日本动画的监督只负责排好第一话和最后一话，然后会做一些拍板和协调工作，其他细节都由演出来解决，而审查、原案、分镜头等都有专人负责，用不着监督操心。这和中国不一样，在中国，监督就是导演，基本上是从头盯到尾的那一个，一刻也不能走掉。

日本动漫在亚洲国家和美国都占据了大部分市场份额，就连电影高产国美国、韩国等也都希望通过日本动漫的带动作用，促进本国动漫产业的发展。

当然，日本动漫产业也存在问题，比如漫画向色情化、低俗化发展，本国市场消费能力趋于饱和，周边国家如中国动漫发展速度过快给其带来了较大压力，以美国为首的大制作趋势给其形成市场挤压等。当今中国动漫也正处于蓬勃发展时期，只要我们虚心学习，沉下心来做好作品，那么未来，中国动漫的时代很快就会到来！

关于日本动漫的专有名词：

监督：导演。

演出：副导演。

CAST：角色配音表；阵容。

STAFF：参与制作动画的人员。

Cosplay: 角色扮演。

二次元：动漫爱好者。

声优：配音演员。

初回特典：指在日本有名的动画第一次放映时举行的典礼。

映像特典：放映有名动画大片时举行的典礼。

无料：免费。

登场：动画人物出场。

人气大作：非常受欢迎的动画作品。

通常版：一般指普通的、精装版的动画。

予约缔切日：预约期满。

设定资料集：一般指一些游戏动画等的设定资料集。

原案：蓝本初稿。

新番：源自日语词汇“新番组”，意思是新节目。

失恋博物馆

坐标：克罗地亚·萨格勒布市

创立人：格鲁比希奇。

这是一家以“逝去的爱情”为主题的展览馆，全世界不同的地方不同的恋人不同的恋情经历，却是同一种感同身受，那就是遗失了珍贵的爱情。

创立人格鲁比希奇的灵感来自他自己的亲身经历，和女友韦斯蒂卡相恋 4 年却没能走到最后，他们在分手的伤心之际不得不面对“恋爱遗产”的处置，留给谁都是睹物伤心，不留给谁又都难以割舍，于是两人君子商定，将它们放在一个公共的空间，谁都有权利去回忆，谁也没有权利再度据为己有，于是创办“失恋博物馆”的想法就此萌生。

你看那个人好像一条狗哎！

格鲁比希奇身边的亲人、远处的朋友，甚至有共同经历的天涯沦落人，闻讯很是激动，因为他们终于能让这“尘封的旧时光”光明正大地刷新在自己的生命里。于是，他们纷纷拿出自己恋爱时最有意义的纪念品，哪怕是一支牙刷，甚至是一张便笺，爱情让它们增值并带有浓厚的情感色彩。失恋博物馆的规模迅速扩张，展馆里的展品也日益增加，直到今天，失恋博物馆的足迹已经遍布世界各地。

曾经有一份感情……

创立意义：

尽管这座失恋博物馆是对前任、对旧人、对老时光的无限回忆，尽管它让伤感的氛围隆重来袭，但是从这些来自世界各地的展品中，大到跨越着国际、种族，小到不被身份、年龄所羁绊，能够看出尽管存在文化、教育、习俗和宗教等方面的差异，但是人们心里对于幸福的期待和对美好爱情的向往是同频共振的，每个人都希望生活在被爱包围的时光里。

所以格鲁比希奇表示，尽管展品见证了相爱的人从拥有对方到孑然一人，但它们确实是留下了昔日恋人们在旧时光里的点滴印迹，尽管他们现在或者未来不可能再共度余生，甚至会和其他的人相依相伴，但还是要尊重过往，也能够从中领悟到珍贵的东西需要被珍惜的道理，所以收藏起来并不多余，分享经历也是治愈伤痛的一剂良药。

失恋博物馆 展品 1 斯洛文尼亚——金币戒指

最让人思绪万千的展品是一段视频。视频的女主人是一位名叫斯洛文尼亚的老太太，她并非有泰坦尼克号的生死之爱，而是分享了尘封在心底半个多世纪的“淡淡的一往情深”。时间大概是在“二战”时期，在那个动乱的年代，人与人之间的爱情是烈日下的干枯绿植，天时地利都不具备，现实条件无法浇灌一颗爱情的种子。

1942 年，德军攻占了她的家乡马里博尔，拘禁了很多她的家乡人和他们可爱的士兵，她有幸逃脱，但善良的姑娘没有因此独自偷生，她曾想办法偷偷为被监禁的人送食物。

就在她做好准备工作，战战兢兢地来到牢房后，却意外

接到了一个士兵小心翼翼递出的纸条，她手心出汗，不敢回头也不敢打开。

直到平安顺利地完成任务，走出那里才找个没人的地方悄悄地看上一眼，纸条上面写着一串地址，她从士兵递给她纸条时眼里的希望来判断，这十有八九是他家的地址。也许士兵有意让她去帮忙确认他家人是否平安，或者说希望她代自己报个平安信。姑娘之后一直担心他的下落，也实在想为他报个安慰信，所以她按照上面的地址写了一封信寄出去。

然而，这封信一去便了无音讯。就在她似乎已经忘记这件事的时候，第二年春天，姑娘收到了一封从奥地利战俘营寄来的信。

果然是当年求她写信的士兵，他还活着，并且没有忘了她，家人也都健在，唯独自己身陷战俘营里不得自由。收到来信，姑娘很意外，但也很开心，谁能想到战乱年代，还能收到平安的来信，这是一封字字句句都充满信心、依赖、感激的信。从此他们之间开始了书信往来，姑娘鼓励身处逆境的士兵要坚持不放弃，怀有希望地等待转机。他也在漫长的战俘岁月里，用不断给姑娘写信作为自己的精神甘露。

1945 年的 8 月，“士兵”跨越千山万水突然来到她现在的家门口，他已不再是当年的“小士兵”，而是历经磨难成熟起来的男人。家门口长着一棵栗子树，他站在树下衬托得更加庄重和美好，他问姑娘愿不愿意跟他回老家贝尔格莱德，因为是她间接地让自己重生，虽然远隔千里，但是他一直生活在她给予的温暖里。然而爱情这件事也有一种特立独行，叫作“缺憾美”，姑娘拒绝了。

临别时当年的“士兵”，现在的“男人”送她一枚拿破仑金币，万分心碎地回到了自己的家乡，并且很快就结了婚，姑娘也不知道这种“闪婚”是想忘了自己，还是另有原因。只是她心中也充满了沉重的记忆。

60多年后，当年的姑娘，如今的老太太回忆说：“虽然我们只相处了几个小时，但我一直不能把他忘怀。结婚时我把他送的金币打成了一枚戒指，从此天天戴在手上。”谁又能说这不是另一种永恒？这枚金币做成的戒指，万语千言转为沉默，但永不褪色。

失恋博物馆 展品 2 打开心门的钥匙

这是一位来自斯洛文尼亚的女士，她的 10 年爱情，是冰火两重天。原本一个钥匙状的开瓶器并没有多么特别，然而它旁边的说明卡内容却看得人泪目。

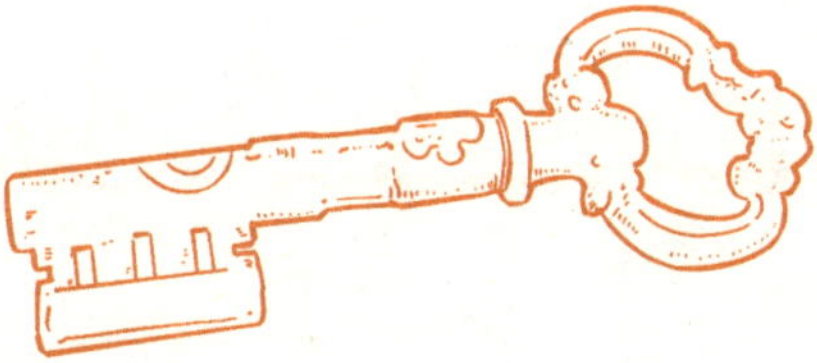

女士很爱她的丈夫，虽然他在一大段甜如蜜糖的日子后开始不明不白地提出离婚，甚至找机会肆意发火，有意为难，然而，爱一个人有什么办法呢？她还是离不开他，因为曾经他爱她的点滴实在太真实了。

就在他已经彻底占据了她的心时，他却好像移情别恋，心如死灰，以往晚上睡觉前他都会和她聊天，抱她入睡，夜里醒了会给她盖蹬下去的被子，然而如今他留给女人的只有他的后背。她靠近他，丈夫就会发火，甚至起身离开，面对女人的眼泪，丈夫要么沉默，要么离开，但从来不会像从前一样为她擦干。

她在这样的日子中被折磨，还在他歇斯底里吼离婚的时候留在他身边，于是，慢慢地，沉默成了两个人日子中最多的光景。

直到有一天，他住进了医院，因为不治之症而离世，她才知道，从他对自己冷漠的那天起，他就已经知道了病情，想尽办法让自己离开他。可是这件事，他没能如愿，然而这一生，他如愿得很彻底……

“你说爱我，每天给我送小礼物，这就是其中之一，它是一把开启心房的钥匙。但是你却又把头转开，不愿面对我睡觉。直到你死于不治之症，我才明白你爱我有多深。”

失恋博物馆 展品3 能疗伤的斧子

凭借本能的印象，失恋博物馆里的展品应该都是浪漫伤感的，触摸起来充满柔情的。所以展品中最引人注目和好奇的莫过于一把斧子了。

它的主人是在失恋之后才把它买回了家，所以这把斧子没有见证两个人在一起的时光，却完全触碰了孤独思念的爆发。这位主人，是一位来自德国的可爱女士，每当她极度思念、怨恨、失落、沮丧时，她就调动浑身解数，奋力举起斧子将家具劈成两半，然后再将这两半不断劈成碎片。每一次情绪宣泄过后，她看着眼前的一片狼藉都摇头叹笑，自己又没控制好情绪。

所以，表面上看，这把斧子是用来宣泄、搞破坏的，实际上是这位女士在按捺对昔日恋人的极致思念，一旦到了难以自控的程度，她就选择用这种方式把感情宣泄出去，然后归于平静，继续过耳畔清风的日子，也给对方足够的安宁。

这位女士在斧子的说明卡上幽默而自嘲地写道："越劈，我的沮丧就越少。就这样，这把斧子就被提升为疗伤工具了。"

失恋博物馆 展品4 Love ends Skype

在博物馆的展厅里挂着一个带有Skype标志的时钟，它的指针永远定格在4点，如我们所料，她的爱情结束在4点钟。时代的变迁，爱情已经不仅仅局限于面对面，手牵手，或者24小时生活在一起，它通过网络蔓延到全世界，连接两地的热情和心灵，以此传输彼此的爱意。

和有的异地恋的结局一样，主人公这样描述自己的故事："我每天都计算着时间，远在欧洲的他应该睡醒了。我们以电邮、电话、Skype等多种方式交流，但最终还是在Skype上

分了手。”

心在哪里时间就在哪里，虽然并没有时刻在一起，但是用在对方身上的心思却一点儿没有减少，她计算着两个人之间的时差，恨不得列出日程表一样，才能在不打扰他的情况下占满他的时间和心思。不过主人公说这种虚拟空间的恋爱和分手堪称“可笑荒唐”。然而，值得深思的是，在现实生活中，在人们精神世界越来越空虚的情况下，这种方式反而成了人们情感中的常态。

失恋博物馆 展品5 “扎心”熨斗

还有一个熨斗的展品挺“扎心”的，虽然只说了一句

话——“这个熨斗曾用来熨我的婚纱。现在它是那场爱情唯一剩下的东西。”

博物馆特色：

拥有世界各地失恋者捐赠的展品1000多件。在2011年，被授予“欧洲最有创意博物馆奖”。2012年列为萨格勒布市必参观地方第三名。

2006至2016年，失恋博物馆已经遍布21个国家和地区。

少年时都做过热血青春梦：

有一天自己会是一个盖世英雄，身披金甲圣衣、驾七彩祥云——花团锦簇地回来迎娶自己的女神……

只是世事无常，如同这强大的牛魔王。

我们都猜中了开头，却猜不中这结局……

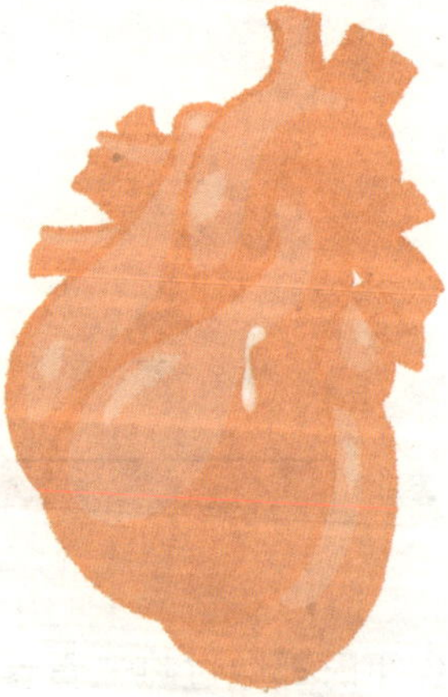

我放了一样东西在你心间，它留存了500年——那是我的一滴伤心泪。

知识型演说

关于爱情的心理学理论

爱情，这个古老而又新鲜的话题，是人类最高级的一种情感。它仿佛是一个人类永远都无法揭开的谜，却又那么迷人和神秘。爱情，无非和男人、女人、婚姻相关。一半是海水，一半是火焰；一个来自金星，一个来自火星。在《圣经》中，上帝创造了亚当和夏娃，最终他们被野果诱惑，受到了蛇的呼唤，而这似乎也注定了男人和女人在追寻爱情这朵玫瑰的芬芳的同时，又要承受被刺的疼痛。

爱的三角理论。这个理论跟三角恋这种揪心的爱情可没什么太大的关系，它是耶鲁大学的心理学家罗伯特提出的一个有趣理论，说的是可以将爱解剖成三个成分：激情、亲密和承诺，每个成分居于三角中的一角。这三种成分构成了喜欢式爱情、迷恋式爱情、空洞式爱情、浪漫式爱情、伴侣式爱情、愚蠢式爱情、完美式爱情等七种类型。

激情、亲密和承诺共同构成了爱情，缺少其中任何一个要素都不能称其为爱情，正如三点确立一个平面，缺少任何一个点，这个唯一的平面就不存在。斯坦伯格之所以把具备三个基本要素的爱情称为完美式爱情，是因为建立一段稳定、持续的爱情需要恋爱双方耗尽毕生的精力去培育、呵护，那是一项贯穿人生的浩大工程。

爱情不是一件容易的事情，并非天生就有，需要不断地锻炼和实践才能培养出来。爱需要勇气，更需要能力，在这三个要素里面，除了激情之外，亲密和承诺的实现是需要一段时间才能转化为现实的，不是一蹴而就的事情。所以持久的爱情就变得弥足珍贵，让人向往。

近因效应。是 1957 年由心理学家 A. 卢琴斯根据实验首次提出。实验证明，在有两个或两个以上意义不同的刺激物依次出现的场合，印象形成的决定因素是后来新出现的刺激物。举个例子，当你跟朋友介绍一个人，前面先讲他的优点，接着“但是”，讲了许多缺点，那么后面的话对印象形成产生的效果就属于近因效应。最后印象往往是最强烈的，可以冲淡在此之前产生的各种因素，而在爱情过程中，最近交往产生的感觉直接影响着一个人对爱情的判断。

近因效应使人们更看重新近信息，并以此为依据对问题进行判断，忽略了以往信息的参考价值，从而不能全面、客观、公正地看待问题。一般而言，认知结构简单的人更容易出现近因效应。

吊桥效应。当一个人看见自己喜欢的异性时，会为可能出现的各种情况做好准备并及时反应，供血速度增加，心跳也随之加快，反之可以逆推，心跳越快就越对异性有感觉。

而吊桥效应是指当一个人提心吊胆地过吊桥的时候，会不由自主地心跳加快。如果这个时候，碰巧遇见另一个人，那么他会错把由这种情境引起的心跳加快理解为对方使自己心动才产生的生理反应，故而对对方滋生出爱情的情愫。所以，这个研究给恋爱中的人一个启示，那就是危险或刺激性的情境可以促进彼此的感情，比如过山车等。

投射效应。这其实是一种认知障碍，它是指有将自己的特点归因到其他人身上的倾向。在对对方形成印象时，以为对方也具备与自己相似的特性，然后把自己的感情、意志、特性投射到对方身上并强加给对方，即推己及人。简单的比方就是，一个心地善良的人会以为别人都是善良的；一个经常算计别人的人就会觉得别人也在算计他。这在爱情中就特别容易形成不对等的关系，实际上是自己的认知存在问题。

契可尼效应。是指人们天生有一种驱动力，那便是有始有终。如果一项工作一直没有完成，这便使人对此留下深刻印象，在恋爱中也就是所谓的“初恋情结”。初恋大多数情况下是完成不了的，因为那时还无法拥有足够的自主权，也无法和各种现实抗衡。升学、父母、老师等，都是让两人分开的原因。于是这件事成为了我们心上的痂，那一个人，成了我们心里的红玫瑰或白玫瑰。

UFO博物馆

坐标：美国·新墨西哥州

创立人：UFO 研究中心。

创立原因：UFO 博物馆的坐落地以及这个具有超时空意义的词的出现，都离不开 1947 年的夏天。那天，突然从天而降一种不明飞行物，出乎意料地坠毁在新墨西哥的罗斯威尔牧场，相传最早发现这飞碟残骸的人是一个当地的农夫，名叫布雷泽尔，他看到这一幕也是惊呆了，那时也从来没有接触过“UFO”的概念，他无法判断这到底是什么，能够确定的是这肯定属于一种奇异装置，看样子是由橡胶条、锡纸、硬纸和木条组成，可是它来自于哪里，不得而知，但飞碟的坠毁给牧场带来不小的冲击，一些设施被损坏，这位农夫立即报告给了警方。

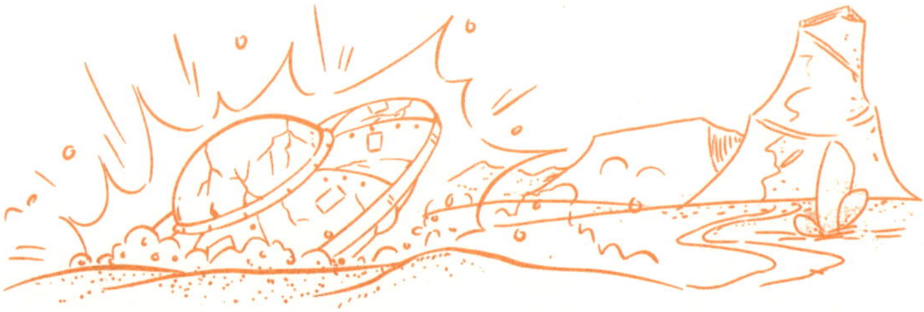

警方接到报告后就快速地派出警力前往，封锁事发现场，调查取证。虽然当时一度引起沸沸扬扬的传闻，说该飞行物并不是来自于地球，更像是天外来客，于是UFO的概念被第一次带入人们的耳中。很快，美国空军对外宣布这个不明飞行物的真正来历，仅仅是一个正处于试验阶段的新型军用监视热气球，并不是所谓的UFO，它隶属于代号为“大人物”的国家机密计划，也不方便向外界透露更多信息。于是，这件风闻一时的飞碟残骸事件就此落幕。不过，尽管如此，外星球的好奇者、宇宙奥秘的探索者、UFO的猜测者们还是将这个“热气球”事件幻化成各种版本，甚至描述其细节，比如飞行物残骸像是一个巨型圆盘，里面也搭乘着外星人，他们的样子有几分像人类，虽然有脑袋，但大得超出比例，一双大眼睛突出地长在接近脑门的位置，有一张小嘴巴，没有头发，虽然挺奇怪，但是却全身武装，穿着紧身灰色制服等。

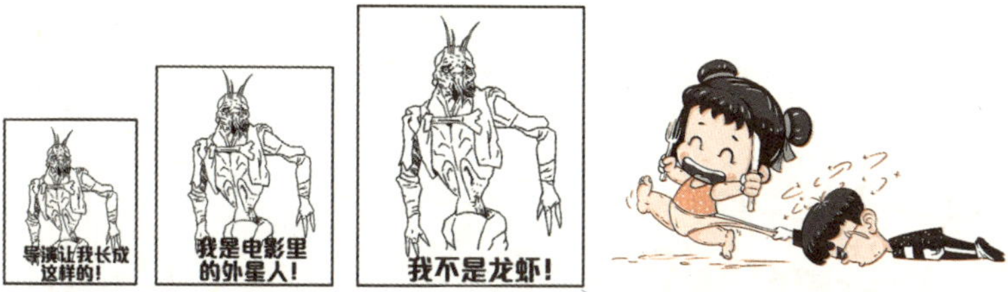

事情一直到1978年又再次被推向热议浪潮，美国物理学家、不明飞行物研究者斯坦顿•弗里德曼从未放弃“追踪”罗斯威尔UFO事件的始末，他得偿所愿采访到参与事件过程的军方人杰斯•马塞尔。谈起罗斯威尔UFO事件，他坦言：“我当时捡到的东西很奇怪，我尝试去烧但是烧不着，我想去折断它但也折不断。我觉得他们掩盖真相这么久，并不奇怪，因为这东西来自太空。”

随后，这段具有爆炸性的采访消息被多家报刊媒体争相出版，甚至被冠以UFO等名刊出。这也为杰斯•马塞尔带来了更多采访，而曾经也许试图掩盖的“罗斯威尔UFO”事件迅速闻名于世。不过，事件的始末始终扑朔迷离。于是当美国政府支持民众探索外太空时，则选定了具有一定争议甚至带有传说色彩的新墨西哥州作为博物馆位置。

传说“火影跑”能追上外星人！

创立意义：UFO 成就了传说，引起了地球人对于外太空的好奇心以及探索的步伐。在这个无穷无尽的主题下，人们想要近距离看到外太空元素的模样，包括是否真的有外星人，而与其让人们去猜测，不如带大家去了解、探索和发现，于是一座隶属于国家 UFO 研究中心的 UFO 博物馆正式创立。在这里，一切的展品，包括照片、消息甚至是物理呈现都来自官方，人们一起走在探索外星球的路上，何尝不是一项伟大的事业。

博物馆展品：这里不只有著名的“罗斯威尔UFO”事件的具体资料展出，甚至有全部关于人类发现UFO类似踪迹的经历，真实的照片和相关事件物品，以及事件的始末发展，比如发生在墨西哥的因不明飞行物带来巨大的冲击浪造成的“麦田怪圈”事件等。

博物馆特色：博物馆由严肃而神秘的外太空主题不断扩展，甚至增加了趣味性。拥有UFO博物馆的小镇上开有外星人商店，里面售卖着外星人布娃娃、汽车上的外星人车牌，墙壁上画着外星人主题的涂鸦。来到这里你的汽车也应该换上外太空的车牌，所过之处的路灯都有着外星人的元素。这为前来参观的人们带来了更多的视觉冲击和乐趣体验，为当地的经济繁荣带来了一定助力。

➲ 知识型演说

世界上的未解之谜

加拿大死亡岛：这座岛位于距加拿大东部哈利法克斯约百公里的北大西洋上，当地人称之为“赛布岛”。整个岛都被细沙覆盖，没有高大的树木，只有一些沙棘等矮小的灌木，十分荒凉可怕。据说这座岛还能自己不断改变形状和位置，没有人能准确地了解它的全貌，所以几千年来在岛附近遇难的船舶不下500艘，丧生者总计在5000人以上！

贝加尔湖里的海豹：贝加尔湖是一个非常古老的淡水湖。它本来是亚欧板块内的一条裂谷，经过漫长的地质演化，300多条河带着巨量的泥沙和生物灌入，最终形成了贝加尔湖。这个湖泊的特别之处并不是它的形成原因，而是水中有海洋生物。

要知道，有的湖泊是随着地质结构的变化，从海洋中分离出来，形成了一个湖泊，一般都是咸水湖。但贝加尔湖可不是这样形成的，并且它是淡水湖，怎么会有海洋生物在里面呢？

已经有专业人士辟谣，说贝加尔湖里的鲨鱼其实是一种叫作杜父鱼的淡水鱼，龙虾、海螺、海绵都是淡水生物，只有一个海豹，是真的海洋生物！

可是贝加尔湖距离任何海洋都非常远，那海豹是怎么来的呢？就算是各种意外让这些可爱的海豹滞留了下来，那海里的生物也没有办法在淡水湖里生存啊！

（ps：把淡水鱼放在海中，它会因为渗透压脱水而死；海水鱼在淡水中，会因为渗透压水肿而死。）

伏尼契手稿：1912 年，美国珍本书商威尔弗雷德·伏尼契在罗马附近一所大学图书馆的地下发现了一份厚达 230 多页、以奇特字体写成的手稿，手稿中还有许多植物、天体和出浴美女等奇异的图片。

从图片上看，这本书的制作时间应该介于1470至1500年间，像是中世纪炼金术士或草药医生的参考书，但似乎完全以密码写成。文稿的文字规律与自然语言类似，与欧洲语言又不太相似，文字是由左至右书写的，而段落之间又没有明显的标点符号。全书一共有六个部分，包括草药、天文、宇宙、生物和医药配方等，每个章节都有明显不同的风格，其中配方这个章节是最像天书的部分，没有配图，只有星星或者花朵图案的标记。

伏尼契敦请当时顶尖的密码学家破解这份奇特的手稿，但它似乎和任何已知的密码语言都对不起来。百年来，许多世界顶尖的译码专家努力钻研，这份手稿的真面目和来源仍是个谜。一连串的失败让人怀疑手稿不能被破解，这成为密码破解史上最大的难题。其实在这之前的250年间，至少有10位学者曾试图解读这份手稿，但都没有成功过。

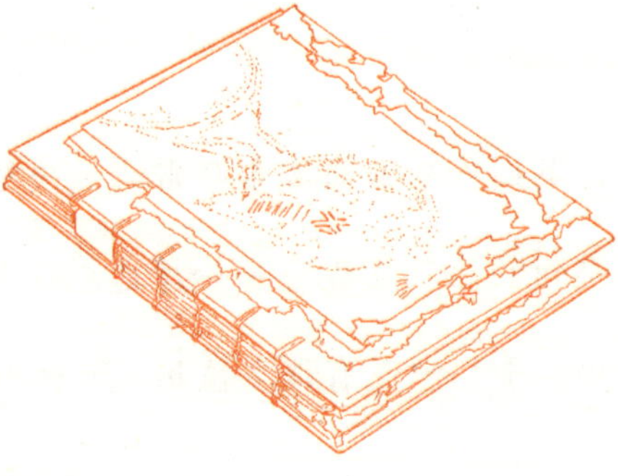

他们试图将上面的字母对照26个字母进行破译，但转译之后的内容，只是把一本天书，换了个表达方式，写成另一本天书而已。

对此，有人开始怀疑这份手稿也可能只是个精心设计的骗局。

可书上的图案，确实都真实存在，况且作者为什么要采用这样一个复杂而艰苦的骗局呢？毕竟一个中世纪的骗子，要想凭一己之力创造出这么高度精密的语言，似乎是件难度极大的事情。

安徽花山石窟：花山谜窟位于安徽省黄山市，以新安江为纽带，连接花山、雄村两大景区，是黄山山脉的延伸部分。目前已探明的石窟有36处，其宏大壮阔、玄妙奇巧的石窟景象在全国实为罕见，令人叹为观止，堪称中华一绝，被誉为“北纬30度神秘线上的第九大奇观”。至于这些洞窟源于何时？如何形成？数以百万方石料倒去了何处？如何开采和运输？至今仍是一个不解之谜。从清理出的遗物年代看，最早为唐代，洞窟中还有1.5亿年前形成的树化石及恐龙脚印化石。花山谜窟洞内没有壁画，没有佛像，也没有文字，更无任何史料记载，当地的民间传说中也难寻其踪影。而根据考查研究，石窟的开凿年代似乎不尽相同，但开凿的方式和手段基本一致，呈现出规律性和延袭性。另一特点是石窟基本分布在新安江上游水系不远处，可考虑水运的可能。关于开凿石窟的目的和用途，目前尚未有定论。

云南迷人湖：位于云南省泸水县，湖水清碧透明，水深莫测，四周森林密布，野生动物在四周栖息游荡，是一个神话般的湖泊。迷人湖的迷人之处就是人们在此便能呼风唤雨，所以此处一直笼罩着神秘色彩。来到这里的人们只能轻声细语地交流，只要大声喧哗，顷刻之间天空便会乌云翻滚，风雨交加，冰雹忽至。但是迷人湖可不是随便就能去到的，要去到这里，只能靠步行，且路况恶劣，不仅要经过陡峭的峡谷，还要经过密密麻麻的山竹林、灌木林等茫茫林海。

同时，它位于高黎贡山国家级保护区核心区内，如果不是工作人员，得拿到国务院的审批才能前去，这让人们对这个地方更加神往。不过有些自然景区不能随意开放，不仅是安全原因，也是因为参观的人过多可能会破坏景区特有的自然环境。

玩具博物馆

坐标：美国、中国等地都有哦

玩具是全世界每个人都拥有过的物件，不只是店铺里卖的供人玩的东西，凡是可以玩的、看的、听的和触摸的东西，像沙、石、泥、树枝等这类自然物体，也都能被当成玩具，在人类社会中常常被作为一种寓教于乐的方式。它是打开智慧天窗的工具，让人们变得更加机智聪明。

所以可以想象，从古至今，会有多少玩具出现在人类世界中呢？于是在全球各地，遍布了很多家这样专门展出玩具的博物馆。

你一定不知道，世界上最大的儿童博物馆是美国印第安纳波利斯儿童博物馆，这里简直就是一个玩具天堂。中国台湾是世界玩具生产基地，也是世界玩具收藏的乐园。

1. 印第安纳波利斯儿童博物馆

坐标：美国印第安纳州

这家馆实在是太大了，所以被分成了4层，12个主体部分，约12万件展品。不仅适合孩子，还适合大人来这里怀旧，感受童年的快乐。

美国收藏馆涵盖了从18世纪到今天的美国文化。馆内陈列了55000多件人工作品，代表着美国的家庭生活、潮流趋势和历史事件。在这里你可以看到所有种类的芭比娃娃！要知道，芭比娃娃是20世纪最广为人知及最畅销的玩偶，已经销往全世界150多个国家！

你还可以骑上1917年的旋转木马，看到战前的玩具火车。每一件玩具都讲述了多年前创造和使用它们的美国人的故事。

身为世界四大文明古国的中国，必须也有专门的馆！在馆内可以通过色声香味触等各种形式全方位无死角地了解中国经典的建筑、服饰、饮食、书法、乐器、绘画和大熊猫等，还可以直接上手学中国书法，动手敲击打击乐，给兵马俑穿衣服等，让儿童在触摸中体验不同国家的文化。

自然科学收藏馆收藏了超过 10000 个独一无二的自然样本，涵盖了植物学、动物学、地质学、生物学等，让人目不暇接，惊叹不已。

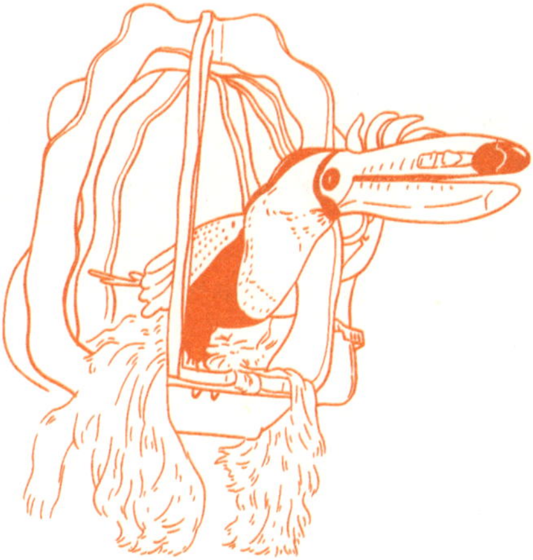

恐龙馆尤其著名，还没进门，就能看见门口的一只准备

爬向房顶的巨大的恐龙雕塑。在恐龙馆，可以欣赏珍贵的恐龙化石，触摸感受肉食恐龙的肱骨，动手挖掘恐龙化石，了解白垩纪晚期地质环境和生物的演变，充分体验 6500 万年前恐龙是如何生活的。

这个馆最大的特色就是里面的一些玩具可以直接上手。在科学馆可以动手做物理实验和进行生物观察。在剧场可以参演主题音乐剧。专门的安全游乐场地，也给小朋友提供了触碰、体验的机会，让他们在玩乐中学习，在学习中快乐成长，在成长中提升社交的技能。

2. 中国台湾玩具博物馆

坐标：中国台湾新北市板桥区

创立人：江文敬先生在7岁的时候，用存了很久的零用钱买了生平第一件玩具——橡皮制的小水枪，从那时起，他就与玩具结下了不解之缘。

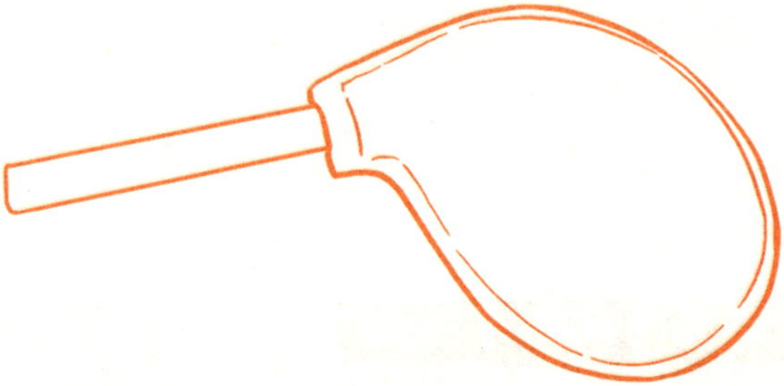

他也是位玩具发明家，设计的飞船曾被日本厂商采用。这家馆一直是他一人独资，维护起来非常辛苦。但他认为，孩子是天生的玩家，当玩具在孩子手上的时候，玩具就不只是玩具，它能让孩子在玩的过程中激发出创意的翅膀，让他们能够自由翱翔。于是在2003年创立了这家玩具博物馆，圆了他的梦想，这么一走就是一生。

江先生将30多年来所珍藏的超过千余件的玩具公开与各路玩家分享，从古董级玩具“投壶”“升官图”、玩偶，到现代化的遥控机器人；从第一代无敌铁金刚、编号“五一”的“大同宝宝”，再到麦当劳的塑料玩偶，每个时代的玩具都有一段故事。古老的水枪、竹水枪、弹珠台、竹蝉、竹弓箭、线轮车、草编蟋蟀、瓶盖弹响、铜管仔车等，还有一系列马口铁制成的老玩具，像火柴盒小汽车、发条式机器人等，都是当年风靡一时的玩具，如今它们已成为价值连城的收藏品。

里面的怀旧玩具，琳琅满目，很多玩具都是各个年代的象征，让身在中国的大人们儿时的回忆点点滴滴涌上心头。而很多经典小玩意儿更是体现了人类的智慧。

盘中戏

看起来像小小的木偶，清末民初的庙会游戏，利用猪毛的弹性及敲铜盘的振动原理，让人偶不停地旋转跳动，就好像真的戏剧人物出场了一样。

钢琴与芭蕾

1970 年到 2000 年之间，是台湾争得“玩具王国”美誉的风光年代，但那个时候在台湾生产的玩具，大多是出口到国外，所以当时的孩子们反而很少有机会看到这些玩具。这个时期的玩具特点是声控遥控、高级电动玩具的动作由低阶到高阶、半导体晶片的应用以及稳定且丰富多变的玩法。

➲知识型演说

这些100年来最经典的玩具

机灵鬼翻身弹簧：这是海军工程师理查得·詹姆斯在20世纪40年代早期发明的玩具，1945年上架后随即大卖，并且从此风靡全球。它之所以叫机灵鬼，是因为把它放在楼梯上，它自己会拾级而下。可能很多人并不知道这是什么，但其实现在也有很多人玩过，只不过现在的机灵鬼都变成了彩虹色的塑料材质，也就是彩虹圈。

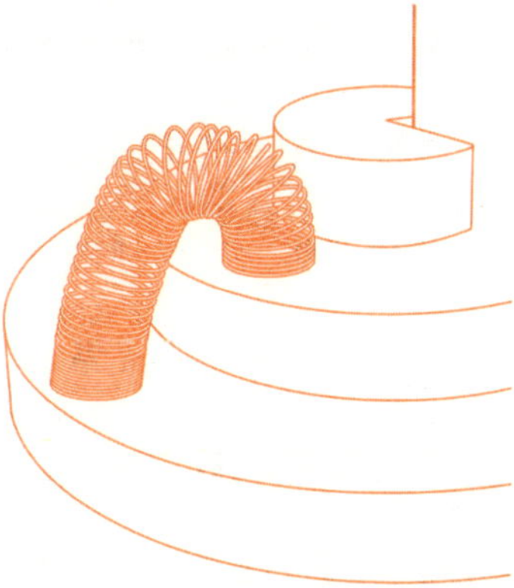

巨魔娃娃：说名字可能不知道是什么，一看到造型就会立马想起，自己小时候也拥有过一个这样的小东西。巨魔娃娃是丹麦渔夫Thomas Dam用木头雕刻出来的送给女儿的礼物，在女儿小伙伴们的要求下，Dam在当地开始卖这个娃娃。

谁都没想到，这个长相清奇、头发五颜六色的玩偶很快便涌入美国，并且成为孩子们爱不释手的玩具，并且一直延续到现在。

橡皮泥：自 1956 年问世以来，橡皮泥就成了小朋友们最喜欢的玩具之一。“二战”期间化学家们由于担心美国日后的橡胶供应问题，便开始研究合成替代品，才在无意间发明了这种玩具。橡皮泥这种玩具携带方便，在玩的过程中左右手同时操作，可以训练左右脑的智力开发。最初的橡皮泥只有灰白一种颜色，发展到今天，橡皮泥的材质和工艺都发生了很大改变，不像以前，不能混色，不能重复使用，而且质地粗糙，容易变硬，现在升级版的橡皮泥不但解决了这些问题，还加入了各种各样的颜色和香味，还有夜光橡皮泥等，真是越来越好玩了。

任天堂 Game Boy：Game Boy 是任天堂在 1989 年发售的第一代便携式游戏机，和当时的移动电话大小相当，配有一块无夜光功能的小型液晶显示屏，一个方向操纵按钮和四

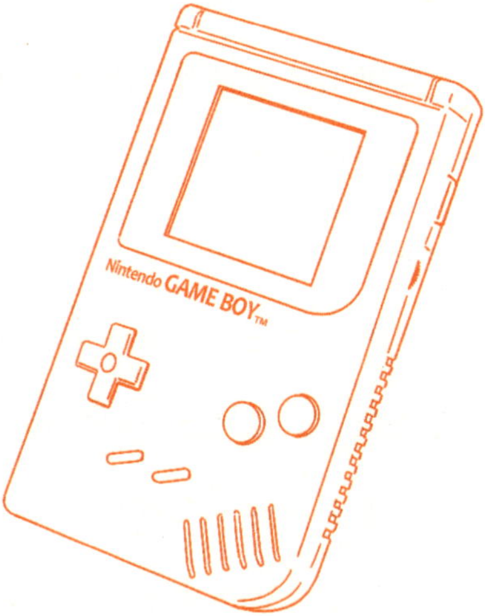

个控制按钮以及一个扬声器。在它的底部可以见到一个标准的立体声耳机接口。截至2003年，Game Boy全球累计销量1.2亿台，是同期销量最高的游戏机，而里面最魔性也最受欢迎的游戏则非俄罗斯方块莫属了。不过随着更多有趣的掌上游戏机的发明，这款游戏机已经慢慢退出了历史舞台。

悠悠球：

相传，16世纪，菲律宾的狩猎民族在狩猎和格斗时使用的器具中，在绳子的前端挂着重物似悠

悠（YO–YO）的武器。在公元1700年的时候，悠悠由中国传至日本，再传至印度，并由印度传至欧洲。18世纪初，悠悠在法国和英国的上流社会盛行。此后，悠悠便从法国流传到世界各地。不要小看这个玩具，它是世界上花式最多最难、最具观赏性的手上技巧运动。有人说悠悠是益智游戏，实际上悠悠已经不是单纯的益智游戏了，经过多年的不断创新与发展，悠悠球正在成为一项风靡全球的手上技巧运动项目。故悠悠球的技术花式种类非常繁多，每个球手的风格和自创花式都不尽相同，各种花式俨然组成了技术的海洋。当前主流的花式被分为了五个组别，而每个组别的花式种类都数以千计，而且每年仍然会有非常多的新花式被研究出来。

马来西亚猫博物馆

坐标：马来西亚·沙捞越首府·古晋市

古代的埃及人都属于超级爱猫人士，在著名的金字塔里、皇宫壁画、器具、陈列品中都能看到很多猫的图案。

埃及当时是农耕大国，谷物的正常收获和大量保存极为重要，而猫能够抓老鼠，保护粮食，所以在农耕文明开始的时候，猫就成了人类不可缺少的朋友，随着历史的发展，它们也渐渐被赋予了越来越多的意义。

马来西亚的古晋市也被称作“猫城”，这里拥有世界上唯一一座猫博物馆，而且整座城都像猫一样慵懒。街道上，随处可见悠闲的猫咪，它们也不害怕行人，同时保持着猫特有的傲娇。馆内有各种关于猫的雕塑、画像和器具，可以了解更多关于猫的历史文化，任何一个不熟悉猫咪的朋友，只要一进入这里，就能成为猫咪专家。

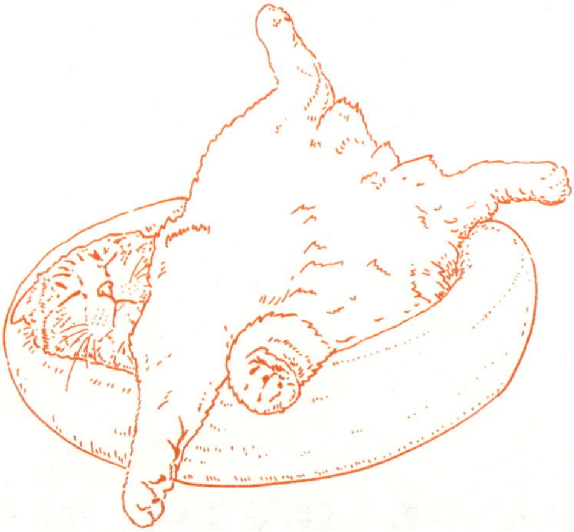

馆内还记载了无数关于猫的故事，其中有个佛陀与猫的故事：当佛陀进入极乐世界时，世界上所有的动物都被唤来做见证，而猫却睡着错过了仪式，不能进入极乐世界，因此也成为唯一没有受到保护的动物。

想想咱们中国的十二生肖里面，也是没有猫呢！不过可不是因为贪睡，而是有历史原因的。

其实我们今天所养的猫的祖先来自印度，而印度猫传入中国的时间，据现今的发现可推测为东汉时期。而东汉时期正好是中国和印度通过佛教频繁交往的时期，从这之后，猫才变得普及，但十二生肖的确立却是在夏朝，两个朝代可是相差了千余年呢！

这里是猫奴们、吸猫族们的天堂，在这里你能看到世界上各种有特点的猫，高的矮的胖的瘦的长寿的聪明的喵星人，除了它们的日常生活习惯，还能知道它们傲娇的大脑到底是怎样运转的。

这座博物馆中，还设有一间展览室，里面都是很多历史大人物吸猫的证据。比如雨果、爱迪生、牛顿、美国前总统林肯、英国维多利亚女王、法国国王路易十五、毕加索等。

创立意义：

因为靠近所以了解，因为了解所以理解和喜欢。猫博物馆通过对喵星人的一系列洞察和展览，让更多不了解它们的人懂得并喜爱上它们，从而让人们善待猫咪这种柔软的动物，也不排除呼吁人们富有更多的爱心和善良，给予动物更多的保护和尊重。

知识型演说

关于猫的小知识

猫是全世界家庭中较为广泛的宠物。家猫的祖先据推测可追溯到古埃及的沙漠猫，虽然家猫已经被人类驯化了3500多年，但它们却不像狗一样可以完全地被驯化，以至于经常被认为高冷任性，我行我素，非常有个性。有时候，你怎么叫它，它都懒得理你，除非自己心情好，才会跟你玩一玩。也因如此，猫才让人捉摸不透，显得特别有魅力。

猫的种类有42种，每个品种都有它们不同的外型。不过对于喜欢猫的人来说，每一种外型都是极其招人喜欢的！

猫每天平均花在睡眠上的时间就占了它们一生中的2/3，这也就代表着，一只9岁的猫只有3年是处于清醒状态的，所以也就有了“懒猫”的称号。

猫也是分左右手的。通常母猫喜欢用右爪，公猫喜欢用左爪，这点和人类有点儿相像，人类中90%的右撇子都是女性，

10%的左撇子通常都是男性。

我们经常会听说猫从超过20米的高处掉下来仍然安然无恙，这是因为它们拥有“翻正反射”能力。猫的眼睛和内耳平衡器官会告诉它正位于空中的什么位置，所以猫咪可以很准确地着陆。但这并不表示猫真的有九条命并且摔不死，还是会有一些猫因为判断失误而发生悲剧，所以还是要尽最大的可能不让它们遇到危险、受到伤害。

猫之所以喜爱吃鱼和老鼠，是因为猫是夜行动物，为了在夜间能看清事物，需要大量的牛磺酸，而老鼠和鱼的体内

就含有牛磺酸。其实猫还会吃鸟和兔子，可爱的外表下，装的是一颗猛兽的心。

神奇的是，有的猫颜色会变化。这是由于这些猫的身上携带着白化病的基因，随着身体的温度变化，它们的颜色会发生变化。如果你捡回一只刚出生不久的小猫，一定不能喂牛奶，而是要喂羊奶或者婴儿奶粉。因为牛奶中含有乳糖，而猫具有乳糖不耐症，没有办法消化乳糖。如果是更小的猫咪，它们都不会自行排便，一般都是猫妈妈用舌头帮助刺激排便，所以还要经常拿沾了温水的湿巾帮它轻轻摩擦肛门，帮助刺激排便。在这样的照顾下，小猫才能健康活泼地长大哟！

墨西哥坎昆水下雕塑博物馆

坐标：墨西哥·坎昆·加勒比海岸

到坎昆旅游的都是奔着海岛游、沙滩和玛雅古迹来的。

不知道吧，这里的水下还藏着一个世界上最大的水下博物馆！

这是一座水下的博物馆，如果你想参观里面的展品，就必须背着呼吸器深入水中才能看到，这座博物馆也是世界上最大的水下博物馆。

这里有大约400尊雕塑，都是由生态混凝土制作而成的，大量的海洋生物可以附着在这些雕塑的表面上，雕塑为那些海洋生物提供了良好的生长条件，可以保护它们的生态环境。

这座博物馆建成后，吸引了来自全国各地的游客前来参观，还为加勒比海域西岸的国家公园减轻了旅游压力。

雕塑的全身都长出了海藻，鱼群时常会穿梭在其中，为游客呈现了另一番艺术风情。

海洋公园每年约接待 80 万名游客，大量游客造访给当地海洋生态环境造成严重压力，对有“海洋热带雨林”之称的珊瑚礁影响尤其严重。

要知道这种 1 年才长几厘米的脆弱小生物，虽然在海底覆盖面积不足 1%，却是世界上四分之一海洋生物的“安乐窝”。就比如《海底总动员》中的小丑鱼尼莫，没了珊瑚礁就玩完了！

最后公园想出把所有游客吸引到一个地方的办法，找来大师建了个水下博物馆。

坎昆水下博物馆在 2009 年开始建设，它的 BOSS 是来自英国的创作人、艺术家詹森·迪凯雷斯·泰勒（Jason DeCaires Taylor）。

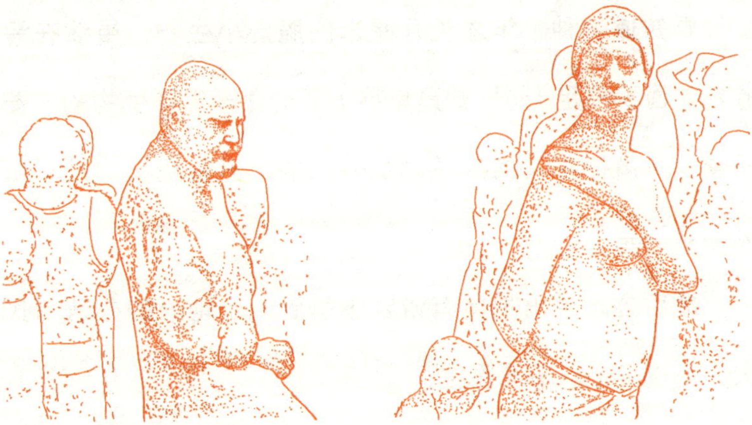

不会潜水的雕刻师不是好教练。

水下雕塑博物馆分为两个不同的部分：Manchones和Nizuc。前者深6～8米，是个完美的潜水点，无论

你是专业潜水员还是浮潜爱好者都可以畅玩，而后者只有4米深，甚至不需要借助任何潜水设备，就可以下到水里参观。

知识型演说

神奇的海洋

关于海洋的数据：全世界有71%的面积被海洋覆盖，海洋中有95%的面积是我们还没探索过的。海洋的平均深度为4千米，一般人穿潜水服下潜，最多只能潜到40米，而专业潜水员可以下潜到100米，那里的水压有3.9个大气压，相当于430个成年男人压在你的身上，而一只抹香鲸随随便便就能下潜至2000米以下。2016年5月，“蛟龙号”载人潜水艇成功在马里亚纳海沟创造了下潜7062米的中国载人深潜纪录，也是世界同类作业型潜水器最大下潜深度纪录。我们吸进的氧气有70%来自大海。全世界的海洋总共有多达2000万吨的黄金，搁在海底的所有宝藏总价值高达6000万亿美元。海洋最底部的压力，大约等于把50架巨无霸客机堆在你头上。只要有办法吸收浪潮产生的动能的0.1%，就足以供应全球能源需求的5倍。在罗盘被发明以前，维京人都靠星星、鸟和鲸鱼来导航。每年都有1万个海运货柜遗失在大海里，其中有10%装有化学物质。每年都有总量达63亿公斤重的垃圾被丢进大海。再过30年，海洋里的塑胶垃圾重量将超越鱼类的重量。

水母是海中的最佳泳将，比起其他水中生物，它们的氧气消耗量少48%。已知生存在海洋深度最深的鱼类是狮子鱼科的斯威瑞拟狮子鱼(Pseudoliparis swirei)，它们生存在马里亚纳海沟，以深水栖息的小型甲壳类为食，完全没有竞争者，有时甚至能抵达8000米的超深渊带，这也是脊椎动物所能适应的极限深度了。

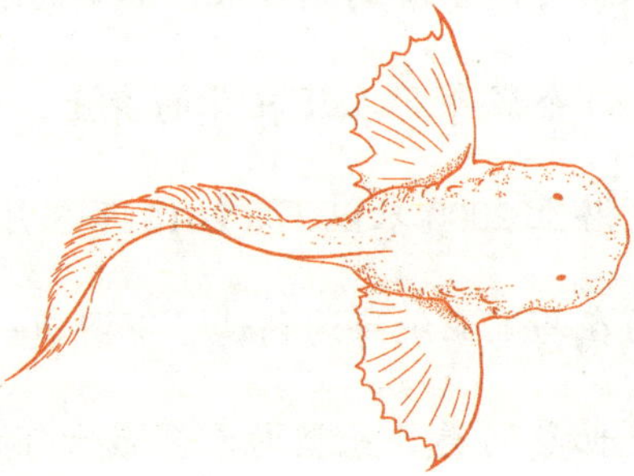

神奇的海洋生物：

最毒的澳大利亚箱型水母，一只便可以毒死60个人。蓝环章鱼的毒性也非常强，能置成年人于死地，而且没有抗毒血清，说白了中毒之人就只能等死。石头鱼顾名思义，就是很善于隐藏自己、看起来像石头一样的鱼。这种鱼不易被人发觉，实则有剧毒。此外，有一些海胆刺也有毒，而且很容易划破潜水服。所以去海边玩耍时，若是遇到一些透明或发光的生物都尽量不要因为好奇而靠近，更不要去触摸，尤其是水母，说不定就是一些剧毒物种。

海参以沙里的有机物为食，所以每次都吃一大口沙子，然后通过过滤将沙子排出，所以我们抓到的沙子说不定就是海参的便便。

有一种雪鳗，它的眼睛隐藏在皮肤下，嘴在头下，里面充满了密集分布的牙齿，但是从外观看没有脸，所以被称为“无脸鱼”。

来自印度洋的牛角鱼，头顶上长着两只小小的犄角，特别可爱，其实它是一种相当暴脾气的生物。牛角鱼一旦遭到进攻，它就会释放出一种有毒物质将周围的鱼全部杀死，其中也包括它自己，真是“我狠起来连我自己都害怕”！

还有一种叫作叉鼻的河豚，因为长得超级像狗，也被称为“狗头鱼”。它的头部占据身体的1/2，喜欢半张嘴呼吸，还不时摇摇短小的尾巴，就像一直在喘气的小狗。狗头鱼游动的方式也非常有趣，可以完成定点停留、原地打转、垂直爬升等动作，像极了小狗！

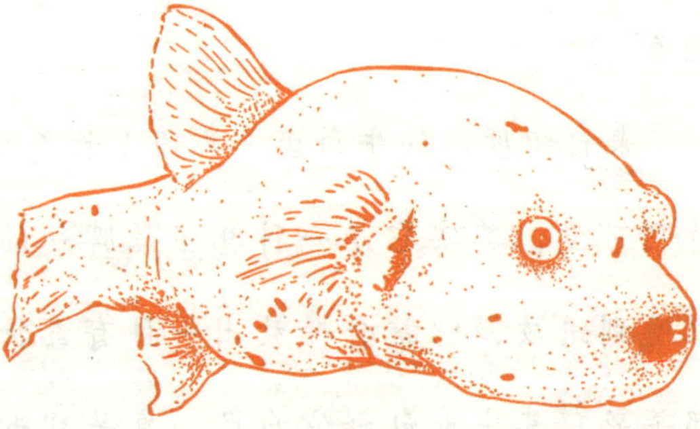

心跳博物馆

坐标：日本·丰岛美术馆旁边

介绍：矗立在海岸防风林里的黑色木屋，就格外让人有仪式感、神秘感，安静而有力量。这是法国艺术家克里斯蒂安·波尔坦斯基建立的全球唯一一座收集、保存心跳的博物馆。博物馆内部分为三部分：心脏音档案室、心脏音展览室、心脏音录音室。

博物馆宣传语：录下每一刻的心跳，让你的生命成为永恒。

从2005年录下自己的心跳开始，波尔坦斯基就开始收集全世界各地人的心跳，目前这座博物馆已经拥有12万多人的心跳记录，并且数量还在增加。

谁不想几十几百年以后，还有个地方能一直保存着自己心脏的跳动声呢？

博物馆里有一个独立的小房间是来专门录制心跳的。

把一个像听诊器一样的听筒放在心口上，给自己的“这段心跳”命名，并留给心里想着的那个人，就可以开始录制了。

录完以后去旁边展览室里听自己的心跳被公放出来。

最喜欢的环节应该是来到电脑室，坐在电脑前，戴上耳机，面对着前方窗外的大海，听自己的那段心跳吧。

最后可以刻成一片 CD 带走。

试想如果有男生来这里录下自己对爱人的心跳再当作求婚礼物，或者直接把姑娘带到这里，调出自己之前的记录，说“听，这就是那天我想你时候的心跳声”，超浪漫有没有？

➲知识型演说

关于人体的有趣知识

人体中唯一没有血液供应的部分是眼睛的角膜，它直接从空气中接收氧气。

新生儿可以同时呼吸和吞咽。

大约 2/3 的人在接吻时会向右倾斜。

眼睛看到的图像是倒像，但是大脑帮你正过来了。

如果你的眼睛是相机，那么大约等于 5.76 亿像素。

每只眼睛都有盲区，但是大脑把双眼视觉整合了。

人体内所有血管的总长度约为 10 万千米。

人体中含有的 99% 的钙在牙齿中。

成年人每天平均要产生 1 公升左右的口水。

如果你能把自己的静脉全部舒展开，长度可以环绕地球两圈半；如果把你体内所有细胞中的 DNA 拉直后连接在一起，可以从地球到冥王星来回一趟。

全世界只有1%的细菌会导致人体生病。

人类是地球上唯一可以画直线的动物。

如果你被锁在一个完全密封的房间，你死亡的原因不是缺乏空气，而是二氧化碳中毒。

你不可能在睁着眼睛的时候打喷嚏。

枕头不是用来枕头的，而是用来枕脖子的。

免疫力疯起来连自己都打，所以当强到一定程度时，会引起很多疾病。

太阳穴是人体神经分布最密集的地方之一，而且太阳穴只是一层厚度为1～2毫米的骨板，没有任何保护，一根筷

子都能将其戳破。

人一天中会产生30万到60万的死皮颗粒，也就是说你家里的灰尘实际上大都是从你身体上掉下来的。

除了人基本上没有会难产的动物，这是因为人为了直立行走而导致骨盆变小。同样除了人基本没有长痔疮的动物，这仍然是为了直立行走而付出的代价。因为直立行走，肛门承受了比四足行走大得多的压力。

成年人体骨骼为206块，而大部分中国人只有204块骨骼，比欧美人少了两块。

2018年3月，纽约和费城的研究人员发现了新的人体器官，叫作“间质”，是人体组织中充满液体的空间网络。

当我们沉

睡时，大脑会自行清除掉这一天脑内产生的垃圾和代谢物，而缺乏睡眠的时候，你的大脑会自己吃自己，大脑里的细胞会开始吃脑神经突触前端的蛋白。

寄生虫博物馆

坐标：日本东京中部目黑区，世界上唯一一家寄生虫博物馆

开放时间：上午10:00—下午5:00（周一、周二、新年前夜闭馆）

一共两层楼。一楼可以看到泡着各种寄生虫标本的玻璃瓶。

二楼主要通过标本和图示模型的形式，展示各种人体寄生虫，补充了一般没法儿看到的结构。

这里拥有一条全长8.8米的日本海裂头绦虫(Dibothriocephalus nihonkaiensis),又名真田虫。得名真田虫,是因为命名者觉得它形似日本战国时代武将真田昌幸发明的、用于捆绑物品的织带——真田纽。

这件标本来自一位40岁的男性,他在食用了感染寄生虫的大马哈鱼后,经医生指导服用驱虫药,从小肠中排出了这条虫子——想象一下驱虫排虫的过程就觉得非常不可描述。

小小的寄生虫在3个月的时间里就长到如此之大,着实令人震惊。为了让人感受8.8米是什么概念,旁边还放了一条8.8米的绳子作为对比。

日本海裂头绦虫生活史比较复杂：卵在水里孵化出钩球蚴，被第一中间宿主剑水蚤取食，在其体内发育成原尾蚴；鱼类取食被感染的剑水蚤就会被感染，此时原尾蚴长成了裂头蚴；人或其他动物吃了这样的鱼也被感染，成为终末宿主，裂头蚴在终末宿主的肠道内吸收营养，发育为成虫。

谁也不希望自己的肚子里有数米长的寄生虫，少吃来源不明的生鱼肉就可以避免这种风险。

日本血吸虫，它的中间宿主是钉螺，终末宿主是包括人类在内的脊椎动物。血吸虫病最早发现于日本，然而日本在 1996 年就终结了该病，成为世界上唯一人工灭绝了片山钉螺的国家。

血吸虫雌雄异体，雄性虫腹部有条沟儿，雌虫就嵌在里面，它们成双成对寄生在宿主的肝脏内，在血管内产下大量受精卵。虫卵附着在宿主的肝脏、肠壁等组织处，形成虫卵肉芽肿，导致肝脾肿大、肠壁纤维化、肝硬化和腹水。肝吸虫在日本也已被消灭，而在国内，仍有很多人感染血吸虫病，希望我们有朝一日也能永久告别这种可怕的寄生虫病。

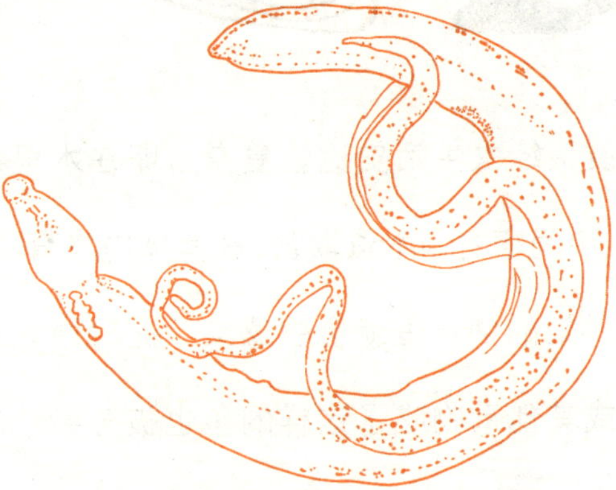

超级恐怖的丝虫

蟠尾丝虫主要分布在非洲和南美热带地区，通过生活在河川边的蚋（ruì，小黑蝇）叮咬人体传播，进入人体后移动至皮肤、眼睛等器官，引起蟠尾丝虫病，又名河川盲、河盲症。

人是蟠尾丝虫的唯一宿主，被感染后会出现瘙痒、皮下肿块、眼部病变甚至失明，由蟠尾丝虫引起的失明是全球第二大感染性致盲病，仅次于沙眼。

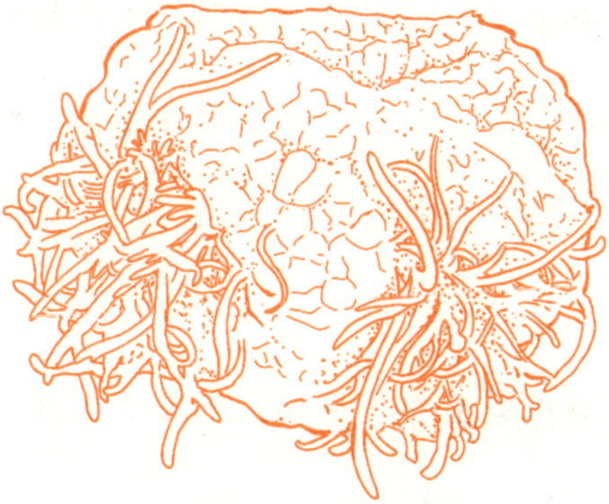

海豚胃里布满的虫

那里还有珍贵的手稿和资料。有机会可以去看一下，多加防范，尽量避免让这些可怕的小生物住在你身体里哦！

知识型演说

寄生虫小知识

寄生虫属于冷门知识，加上看上去特别恶心，所以很少有人愿意去关注并了解它们。其实，寄生虫每天都存在于我们的生活当中，比如最常见的让你长痘痘的螨虫，小时候坐在地上肛门就会不小心染上的蛲虫等。不管怎么样，起码要对一些知识有所了解，避免让自己的身体受到外界的侵害！不过寄生虫病也不是轻易就能得上的，很多寄生虫感染都需要在特定的阶段，只要我们在生活习惯上和这些阶段没有交集，那么就很难感染上寄生虫病，况且寄生虫病都会让人产生不适的症状，无须过度担心。

1. 一旦被检查出身体内有寄生虫之后，不能随便吃驱虫药，还需要做更多项的检查。

因为如果体内有猪肉绦虫，本来很稳定，吃了驱虫药之后，其他寄生虫被杀死的同时，绦虫的孕节也会因药物作用而破裂，成千上万的虫卵会溜出来被孵化，然后钻入肠壁，进入血液，随着血流去向脑部、皮下、肌肉和眼睛等地。如果进入脑部组织，则会发育成囊尾蚴，压迫大脑，引发各种问题甚至导致死亡。

曾经在一个小男孩身上，就发生过这样的悲剧。当时他的爸爸怀疑他体内有寄生虫，便去找了医生，医生检查发现确实是有蛔虫，便给小男孩开了一盒肠虫清，然后就让他回家了。没想到几周后，小男孩突然头痛欲裂，于是赶紧送往医院，可没过一会儿，小男孩就在医院死亡了。他的父母不甘心，医生们也百思不得其解，便做了尸检，在胸腔、腹腔

都没有发现问题，但当法医打开颅腔时，竟看见了满脑的虫子。经检查发现，这些果然都是猪肉绦虫的囊尾蚴。

囊尾蚴真的很可怕，如果寄生在了眼睛，会迅速导致失明，几乎是没有时间抢救的。猪肉绦虫一般都长在猪肉里，除了猪肉绦虫，还有牛肉绦虫，淡水鱼虾可能会有肝吸虫，淡水蟹和蝲蛄可能会有肺吸虫……所以生肉都一定要煮熟了再吃。并且切过生猪肉的菜刀都要洗净之后再切其他菜，因为你并不能确定你买回来的肉刚好就没有问题。

2. 蚴有很多种，是指某些寄生蠕虫（如绦虫、血吸虫等）的幼体，裂头蚴是常见的一种。

当你喝生水或在河、塘等地游泳时误吞了水，则有可能吞食含有原尾蚴的剑水蚤，原尾蚴就会在体内发育成裂头蚴，引起裂头蚴病。若食用了含有裂头蚴的生的或半生的蛙肉、蛇肉、鸟肉等，也可能感染裂头蚴病。不仅如此，我国有些地方会用生蛙肉贴敷伤口或脓肿，治疗疖疮或外伤，因为民间有“蛙肉具有清凉、败火解毒”作用等传言，而蛙肉中的裂头蚴可经伤口侵入人体，引起裂头蚴病。

3. 有的寄生虫拥有操纵宿主行为能力的本能，这可能与智商无关，而是一种化学传导。

弓形虫的最终宿主是猫，中间宿主是老鼠。为了完成寄生，弓形虫会操纵老鼠的神经组织，导致被感染的老鼠痴迷于猫尿的气味且行动呆滞，成为猫的腹中之物，最终实现寄生。

麦地那龙线虫的虫卵通过水传播才能感染宿主。当龙线虫在人体内发育至性成熟后，会干扰人的感知系统，让患者一直感觉口渴，驱使其靠近水源，此时龙线虫便会趁机从足部破体而出，进入水中产卵。

绵羊肝吸虫的中间宿主是蚂蚁，被感染的蚂蚁会抑制不住自己的冲动持续爬行，一直爬到草丛顶端。此时的蚂蚁还是无法停止攀爬行为，所以会一直停留在草丛顶部转圈圈，直到被路过的绵羊连草一起吃掉。

4. 颚口线虫常见于生的或未煮熟的淡水鱼类、禽类、青蛙、鳗鱼里，常见于东南亚地区。

这种寄生虫有牙齿，所以它所到之处的身体组织，都会被它啮咬并且造成伤害，被啮咬时人们会产生肌肉被撕裂的痛感。颚口线虫的第三期幼虫不但可以在人的皮下组织游走，还可以侵袭人的组织和器官，人的一些重要器官如大脑、肺、眼睛、肾等，它统统都可以“游”过去。所以如果去海岛旅游，就一定要小心自己的吃喝，要避免生食或吃没煮熟的海鲜。

下水道博物馆

坐标：法国·巴黎·埃菲尔铁塔东边的街道下面

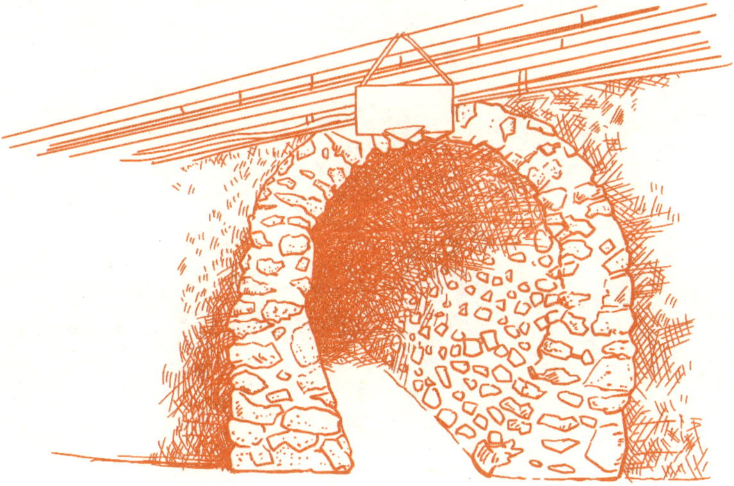

这座信息量庞大的博物馆被称为巴黎的“城下之城”，由巴黎地下墓穴和下水道交叉组成。下水道博物

（是有开放时间的哦！5 月 1 日—9 月 30 日 11:00—17:00，

10 月 1 日—次年 4 月 30 日 11:00—16:00）

馆中展出自13世纪巴黎建成第一个下水道系统后，公共卫生设施发展的漫长历史。游客们可以看到巴黎最古老的下水道体系。展览包括下水道维护设备、工人穿的衣服和清洁设施。

法国首都巴黎的下水道博物馆从外表看并不特别，就是一个普通的下水道井盖，井盖都是很大的。但是掀开这个井盖顺着钻下去，就仿佛进入了一个地下宫殿。这里没有黑水横流的垃圾，也没有臭气熏天的各种腐烂物体。

巴黎下水道虽然修建于19世纪中期，但就是用现在的眼光看，这些高大、宽敞如隧道般的下水道实在是不同凡响。聪明的巴黎人就利用这些有着100多年历史的下水道建成了下水道博物馆。在过去的100多年里，巴黎的下水道系统经过了无数次的改进，巴黎人向世人展示着他们的成就。人们来这里游览，可以全面了解巴黎的地下排水系统。

并且，每一条下水道都用与其相应的地上街道名称命名。因此，无论是游客，还是维修人员，都不会迷路，丢了什么东西也不用担心，比如你接吻的时候，不小心假牙什么的掉下面了，只要知道地上的地址，就可以通过地下环卫工人找到，据说找回率超过80%。

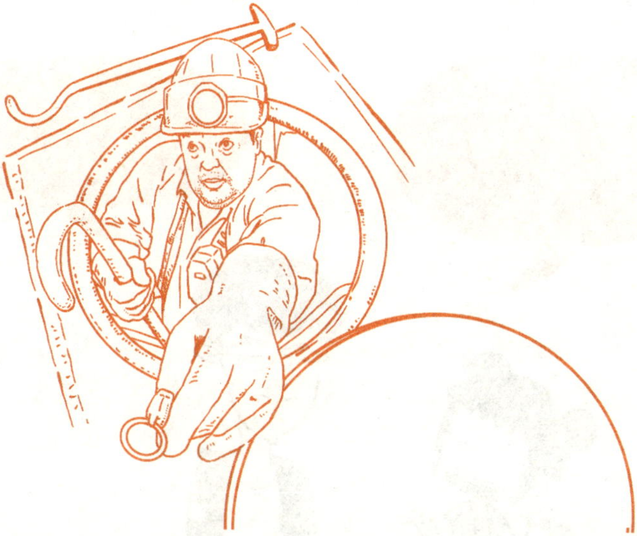

有人说，“下水道是一个城市的良心”。这些通道通向塞纳河，平时是关闭的，只有地下水道的水位高过一定程度时才会打开，将多余的水排向塞纳河。

难怪电影里经常有从下水道逃生的，这地方，别说爬行，就是演个单人杂技也够了。

庞大的巴黎下水道系统的存在不得不感谢两个人，一个是它的提出者奥斯曼，另一个便是它的实施者贝尔格朗。

奥斯曼当时的设计理念是改善城市用水的分布状况，将脏水排出巴黎，而不再是按照人们以前的习惯将脏水排入塞纳河，然后再从塞纳河取得饮用水。

然而，真正对巴黎下水道设计和施工做出巨大贡献的却是厄热·贝尔格朗。

1854年，奥斯曼让贝尔格朗具体负责施工。到1878年，贝尔格朗和他的工人们修建了600千米长的下水道。“有恒心者有恒产”，贝尔格朗坚定地认为，这个城市是自己的，他们要对城市负责，也要对后世的评价负责。

随后，下水道就开始不断延伸，直到现在长达2400千米。

目前，这个有着百余年历史的巴黎下水道仍然在市政排水方面发挥着巨大作用。每天，超过1.5万立方米的城市污水都通过这条古老的下水道排出市区。

经过多次完善，现在巴黎的废水包括雨水的处理率是100%，处理过的水一部分排到郊外或者流入塞纳河，另一部分被循环使用，如洗刷城市街面等。现在巴黎下水道总长2347千米，据说是世界上最长的下水道，被称为“人类工程奇迹”。

从1854年到如今，每一个历史阶段的故事在这里都可以读到。如1867年世博会期间，俄国的沙皇和葡萄牙的国王到下水道考察，当时游客可以坐在船上，逛地下的巴黎。

博物馆还陈列了很多下水道系统的清污工具模型，比如下图中这只可以在下水道行驶的船只模型。

下图中这个球的用处是疏通拥堵的污水管道。这个巨大的球在下水道奔腾滚动，所有的污物都被之碾轧，现在终于明白了地面上很少见到积水的原因。不过想想，得有多大的降雨量，才能把这么大的地儿填满啊！

如果有人告诉你去参观这里没有味道，哈哈，你可不要上当哦，想想一个下水道，怎么可能没有味道？所以去参观的话，还是要准备好口罩，会根据季节的不同呈现出不同程度的气味，夏天去的话要格外注意，以免被熏到！馆内的警示标语也说了——不要碰触墙壁和展品，可能有毒有细菌之类的，另外离开博物馆之前请洗手。还真是一个需要小心翼翼的博物馆呢！出口处和中国一样也有卖纪念品的，其中有一只很丑的老鼠毛绒玩具，非常有趣。

知识型演说

你从未听到过的关于法国的冷知识

1. 商家是有权拒绝给顾客找零的。顾客有义务支付金额正好的交易款，如果顾客没有带足够的零钱，那就只能给整钱了，而且商家给不给找零都是凭心情哦！因为这是他们的法律规定。

2. 儿童选美比赛是被明令禁止的，违反者最高可以处以2年监禁以及3万欧元的罚款。儿童选美比赛对孩子正确价值观的建立有负面的影响，这样操作就能很好地让儿童在一个正常的环境下成长。

3. 法国的法律

明令禁止任何人给自己的宠物猪起“拿破仑”这个名字。

4. 法国拥有众多海外行省，其20%的领土都在欧洲之外。所以法国一共使用12个时区的时间，是全世界使用时区最多的国家。

5. 法国的每一座城市都有一条维克多·雨果街。

6. 法国国王约翰一世在出生之前5个月就当上了国王，但是他只活了5天就夭折了。

7. 法王路易十九在位时间仅20分钟。

8. 在全世界共有38个名为Paris的城市。

9. 埃菲尔铁塔每7年就会重新粉刷一次，每次使用的涂漆大约为20吨，相当于10头大象的重量。

10. 埃菲尔铁塔是全世界被参观次数最多的付费景点。但是法国本地人去的最多的地方是巴黎迪士尼乐园。

11. 现在，以法语为母语的非洲人比法国人还多。

12. 在法国，每天生产的法棍面包超过100亿根，并且只能使用面粉、酵母和盐制作，这是法律明文规定的。

13. 法语 Salut 同时拥有“你好”和“再见”的意思，这和韩语的안녕一样。

14. 法国人特别喜欢将羊角面包当成早餐，实际上羊角面包是奥地利人发明的。

15. 法国拥有全世界最多的诺贝尔文学奖获得者，同时法国人被吐槽数学太差，但其实他们还有第二多的诺贝尔数学奖获得者。

16.1814—1830 年期间，法兰克王国的国旗是一面白旗。

17. 巴黎市内有约

830个图书馆，位居世界第一。

18. 法国96%的高中内都有避孕套的自动售卖机。

19. 整个巴黎市区只有一个STOP交通路牌，位于巴黎16区。

20. 巴黎最短的街道位于2区的Rue des Degrés，全长仅5.75米。

方便面博物馆

坐标：日本·大阪

加班要吃、加餐要吃、消夜会吃，甚至吃火锅也会煮上几袋……作为白领上班族，随便一个超市里就能买到的方便面，我们可谓再熟悉不过了，它应该算得上是全球所有国家的最方便快捷的食品了。但是，你却不一

定足够了解它。例如，你知道方便面是谁发明的吗？你知道世界上第一块方便面是哪一年出现的吗？而在这里，你能看到世界上所有的方便面，你会发现，原来一天吃一包不重样，就得吃上好几年！

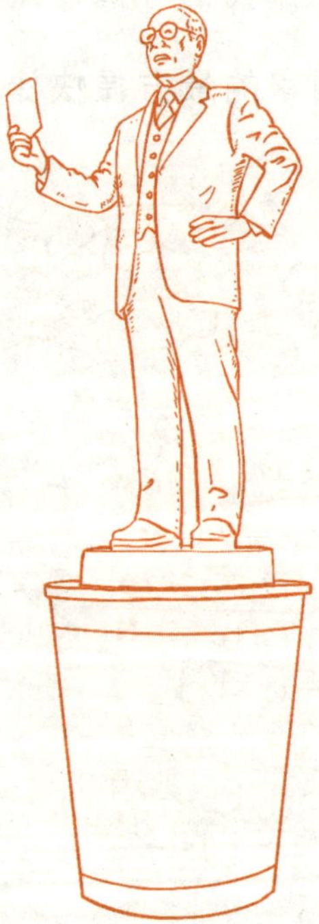

这个博物馆为纪念方便面发明者安藤百

福而设立。来到方便面博物馆，你首先能在建筑物最显眼的地方看见方便面的发明者安藤百福先生的塑像——他正拿着一包鸡汤拉面向你微笑。

“二战”后，日本食品严重不足，一般人饿得连薯秧都吃。安藤百福偶尔经过一家拉面摊，看到穿着简陋的人群顶着寒风排起了二三十米的长队，他不由得对拉面产生了极大的兴趣。

1958年春天，安藤百福在身无分文的情况下，开始着手研究拉面。他在大阪府池田市的住宅后院建起了一个10平方米的研究室，找来了一台旧制面机，然后买了一个直径1米的中华炒锅、一袋18公斤的面粉、食油等，潜心研究方便面。

安藤百福设想的方便面，是一种只要加入热水立刻就能食用的速食面，食用起来非常简便。他定了五个目标：第一，味道不仅好吃而且吃不厌；第二，可以成为家庭厨房常备品且具有很高的保存性；第三，简便、不需要烹饪；第四，价格便宜；第五，由于是食物，必须安全、卫生。面类这一行，他完全是一个外行。面条的原料配合非常微妙，有很大学问，他把所有想到的东西全部试了一下，但效果都不好。

经过一番努力，他终于解决了保存问题。后来，夫人做油炸菜肴的方法又启发了他，油炸食品的面衣上有无数的洞眼，就像海绵一样，这是因为面衣是用水调和的，其中的水分在油炸过程中会发散掉，形成“洞眼”，加入开水，很快就会变软。这样，将面条浸在汤汁中使之着味，然后油炸使之干燥，就能同时解决保存和烹调的问题。安藤百福兴奋异常，把这种制作方法叫作“瞬间热油干燥法”，且拿到了方便面制法的专利。

当时，后院的研究小屋旁养着鸡，经常用来杀了上餐桌。有一天，岳母把用鸡骨头熬的汤放在拉面里，儿子居然吃得很香。就在那时，安藤百福决定方便面也用鸡汤。安藤百福说，方便面打入国际市场后，还没有发现不吃鸡肉的国家。

1958

从第一份即食拉面（鸡汤味）诞生的1958年到如今，方便面的生命轨迹已经走过了60多年，也成为名副其实的“国际食品”。如今，全球方便面的平均年销售量已超过1000亿份！如果平均到全球人口数量，就是当年地球上每人都消费了14份！

据统计，2015年全球方便面年消费量达到了1027亿份，几乎没有哪个国家忌讳吃方便面的，甚至宇航员现在也将方便面带上了太空！

博物馆里展示了超过3000种以上的方便面，主要是介绍方便面的诞生和发展历史，并通过游客互动，传达了方便面发明阶段的一些创新和展示新方便食品的研发过程。你可以了解到杯面制作方法和调味秘诀。

馆内还真实还原了一间安藤先生的“工作棚”。它看起来只是一个普通的小木屋，在入口处再现了揉面、擀面和干燥的一些场景。屋内有一只灯泡、一个摆钟，以及中式煎锅、碗、秤、竹筛和蒸笼等一些普通厨房用具。享誉世界的方便面就是在这个7平方米的小地方诞生的！

游客可以在“我的CUPNOODLES工厂”制作个性化的汤面，并自主选择配料，并在“鸡肉拉面动手工作坊”手工制作鸡肉拉面。

➲知识型演说

中国的美食博物馆

日本人能将方便面发展到如此程度，从另一方面也能够看出，日本的资源是匮乏的。再反观中国，美食多到吃方便面的机会都很少。美食文化博大精深的中国，又怎么会想到钻研方便面呢?

中国的美食文化不可小觑，其中融入了阴阳五行哲学思想、道家理学观念、儒家伦理道德观念等，以及受民俗文化、艺术成就、饮食审美等诸多因素的影响，才创造出享誉世界的中国烹饪技艺。而在祖国的大江南北，也分布着大大小小的美食博物馆，人们可以通过这些博物馆了解美食及其背后的故事。

中国皇家菜博物馆：位于北京市海淀区，主要分皇家菜历史文化展示区、皇家菜品尝体验区、活态观光区，呈现一馆三区的格局。

平时人们在故宫难以看到的御膳场所在这里得到还原和再现。其中的“倦勤斋”“漱芳斋”“春藕斋”都是按故宫现存斋室1：1比例仿制，民众在此可全方位感受皇家饮食文化。

中国徽菜博物馆：位于黄山市的中国徽菜博物馆共四层，六大展区，展示内容包括徽菜的起源与发展、徽菜的特色、千滋百味的徽菜、名人名菜、名店与名厨以及徽菜的创新与未来等。

徽菜历史悠久，起源于徽州府城歙县，发端于唐宋，兴盛于明清，民国年间在绩溪进一步发展。徽菜的特色是就地取材、选料严谨、用火巧妙、功夫独特，擅长烧炖，以食补身，雅俗共赏，独具一格，并成为中国八大菜系之一。烹调方法上擅长烧、炖、蒸，而爆、炒菜少，重油、重色、重火功等。

徽菜的形成与古徽州独特的地理、人文环境密切相关。得天独厚的地理条件，使得原料取之不竭，这成为徽菜发展的有力物质保障，同时徽州名目繁多的风俗礼仪、时节活动，也促进了徽菜的形成和发展。在绩溪，民间宴席中，县城有六大盘、十碗细点四，岭北有吃四盘、一品锅，岭南有九碗六、十碗八等。

特色菜有臭鳜鱼、徽州毛豆腐、火腿炖甲鱼、胡适一品锅等。

中国杭帮菜博物馆：位于杭州市，通过二十个历史事件的场景复原，以及大量的文字图片史料、古近现代的文物陈列，梳理了上溯至良渚文化、秦至南北朝时期等不同历史阶段中杭帮菜传承和发展的肌理脉络。

杭帮菜的口味为清淡的咸味，略带甜口，但不像苏州菜那么甜，也不像上海菜那么浓重，容易被人接受。特色菜品有西湖醋鱼、东坡肉、龙井虾仁、笋干老鸭煲、八宝豆腐等。

博物馆还设置了打年糕、做馒头、磨豆浆等活动，可以亲自参与到杭帮菜的制作当中，不仅如此，还有吃杭州菜、说杭州话、唱杭州戏等节目，让你领略苏杭的文化底蕴。

川菜博物馆：位于成都市郫县古城镇，这是一座有着三千年历史的古镇。古城镇曾是南方丝绸之路的商贸重镇。川菜博物馆包含了川菜、川酒、川茶、川戏、川派建筑、川式园林……

说到川菜，大多数人都表示很熟悉，并一致存在一个印象——川菜就是辣的。然而，真正的川菜可不是只有辣。中国八大菜系中，其中一个菜系是川菜，而光川菜便又分为三派——上河帮、小河帮、下河帮。不仅如此，其口味也相当丰富，其中最为著名的当数鱼香、麻辣、辣子、陈皮、椒麻、怪味、酸辣等，号称百菜百味。它的十大经典菜分别是川味火锅、水煮鱼、回锅肉、麻婆豆腐、鱼香肉丝、水煮肉片、辣子鸡、酸菜鱼、宫保鸡丁、甜皮鸭。

所以，这个川菜博物馆，一个不小心就建成了一座占地

约 40 亩的大馆，很值得一看哦！

除了上述这些，中国的美食博物馆还有很多：北京烤鸭博物馆、烟台鲁菜文化博物馆、大连饺子博物馆、柳州螺蛳粉饮食文化博物馆、台湾牛轧糖博物馆、淮安淮扬菜文化博物馆……是不是都饿了呢？